SELBSTHEILUNG DURCH KLANG UND STIMME

OLIVEA DEWHURST-MADDOCK

SELBSTHEILUNG DURCH KLANG UND STIMME

AT VERLAG

Aus dem Englischen übertragen von Teresa und Graham Dawson

© 1993 Gaia Books Limited, London

© 1993 für die deutschsprachige Ausgabe:
AT Verlag Aarau/Schweiz
Umschlaggestaltung: Dora Hirter, Kölliken
Satz: Grafische Betriebe Aargauer Tagblatt AG, Aarau
Druck und Bindung: Imago, Singapur
Printed in Singapore

ISBN 3-85502-473-1

VORWORT

Dieses Buch stellt einen weiteren, vielversprechenden Durchbruch im ganzheitlichen Heilen dar. Die «New Age»-Bewegung führt uns in Bereiche des Lichts und eröffnet Möglichkeiten umfassenderen Verständnisses.

Auf der Grundlage ihrer reichen Erfahrung und fundierten Ausbildung in kreativer Musik und Gesang stellt Olivea Dewhurst-Maddock eine Form des Heilens vor, die tiefgreifende Wirkung haben kann. Als Musikerin und Sängerin gibt sie eine praktische Einführung in den Gebrauch der Stimme und der Instrumentalmusik zu therapeutischen Zwecken. Ihr Buch vermittelt eine klare, allgemeinverständliche Einführung in diese Form des Heilens mit Schwingungen, das sich von den meisten anderen Heilmethoden grundsätzlich unterscheidet.

Olivea Dewhurst-Maddock kann man zu ihrem Werk nur beglückwünschen. Ihre Überlegungen und ihre Erfahrungen bieten all jenen Menschen Anregung, die kreativ in den Bereichen des Klanges, der Musik und der Heilkünste arbeiten.

George Trevelyan

Sir George Trevelyan

INHALT

8	EINLEITUNG	37	DIE STIMME
8	Das Altertum	38	Der Mechanismus der Atmung
11	Achtung vor der Musik	39	Tonerzeugung mit der Stimme
11	Die Heilkräfte des Klangs	39	Die Stimmbänder
12	Heilung in der Renaissance	41	Übungen zur Stimmerforschung
12	Messung von Klangwirkungen	44	Grundlagen des Atmens
13	Eine ganzheitliche Vision	45	Alltägliche Stimmübungen
		48	Vokale und Konsonanten
14	DIE NATUR DES KLANGES		
16	Klang und Energie	52	DIE SPRACHE DER MUSIK
17	Zyklen, Frequenz und Tonhöhe	52	Musik und Natur
20	Schallwellen und Wellenlängen	55	Die Klangtherapie der Natur
20	Lautstärke und Dezibel	57	Grundlagen der musikalischen Form
21	Klang und Resonanz	58	Poesie und Musik
23	Harmonieschritte	60	Die Kunst der Stille und des Lachens
25	Tonleitern und Oktaven	62	Musik und die spirituelle Suche
26	Klänge hören: das Ohr		
27	Das Hören des Ungeborenen	67	SELBSTERFAHRUNG DURCH KLANG
29	Die Frequenzschwellen des Ohres	68	Tonleitern singen
29	Klang und Universum	73	Innere Stimme und Körperhaltung
30	Klänge sehen	73	Aufbrechen des «Körperpanzers»
31	Musik und Proportion	75	Beckenbereich
33	Musik und Architektur	75	Taillen- und Zwerchfellbereich
34	Die Musik der Schöpfung und die menschliche Form		

SELBSTHILFE-ÜBUNGEN

14	Übung zur Natur des Klanges
18	Stimmgabel-Übung
23	Resonanz-Übung
42	Entspannungsübungen
44	Dynamische Übungen
45	Übung zur Befreiung der Stimme
46	Der vollständige Atem
49	Körper-Atem-Übung
50	Summ-Übung
51	Konsonanten-Übungen
55	Übung zur Musik der Natur
56	Übung zum Hören der Natur
58	Übung zur musikalischen Form
59	Übung: Gesungene Verse
60	Übungen der Stille
63	Musik-Bewegungs-Übung in Gruppen
64	Übung des aktiven Zuhörens
67	Übung zur Erkundung des Gesichts

76	Bauchbereich
77	Herz- und Brustbereich
78	Halsbereich
78	Kieferbereich
78	Augenbereich
79	Selbstentdeckung und Musikinstrumente
80	Instrumente erkunden
82	**KLÄNGE ZUR MEDITATION**
82	Musik und Mantras
87	Annäherung an Mantras
87	Mantras als «Worte der Macht»
88	Chanten
88	Obertonsingen
90	Musiktöne und ihre therapeutischen Anwendungen
92	Ausgewählte Mantras
93	Klänge des Planeten und des Universums
96	Instrumente zur Meditation
96	Musikinstrumente und ihre Symbolik
98	Meditation, Klang und Bewegung

102	**HEILEN MIT KLANG**
102	Die Stimme bei Krankheit und Gesundheit
105	Der Umgang mit Vergangenheit, Gegenwart und Zukunft
109	Körperteile und Schallwellen
110	Die Verwendung von Instrumenten
114	Heilende Steine
115	Besondere Heilfrequenzen
118	Chakra und Musikton
119	Musik- und Klangtheorien des Altertums
120	Schlussbetrachtungen

68	Übung mit dem eigenen Namen
69	Klangketten-Übung
71	Übung zum Tonleiter-Singen
72	Übung zur inneren Stimme
74	Übungen zum Aufbrechen des «Körperpanzers»
79	Tonbefreiungs-Übung
80	Hörübung
85	Übung zum Herzklang
93	Vorbereitende Oberton-Übung
94	Oberton-Übungen
101	Übung: Tanzen zu Musik
106	Übung: Gegenwart und Zukunft singen
108	Übung: Schmerz durch Singen lösen
111	Stimmgabelübungen
112	Instrumentalübung
115	Übung zur Wirkung von Musik und Edelsteinen

EINLEITUNG

Klang entsteht aus der Schwingungsbewegung von Teilchen und Objekten. Die Schwingungen, die den Klang erzeugen, stehen für eine Energie, die überall in der Natur vorkommt. Wir finden sie nicht nur in uns selbst und in unserer Welt, sondern weit darüber hinaus im Reich der Monde, der Sterne und des Universums. Aufgrund der Begrenzung unserer menschlichen Physiologie können unsere Ohren nur einen winzigen Bruchteil dieses riesigen Schwingungsspektrums erfassen. Der Klang ist eine universelle unsichtbare Kraft, die auf vielen Ebenen – physisch, emotional und spirituell – tiefgreifende Veränderungen bewirken kann. Dieses Buch erklärt, wie Sie die Kraft des Klanges in Ihrer Stimme und in den Tönen der Umwelt lenken und sich zunutze machen können, indem Sie diese in Ihrem Körper und Geist widerklingen lassen, um so selbst zu gesunden und zu heilen.

Musik ist eine besondere Art des Klangs. Sie verwöhnt nicht nur unser Ohr. Die Muster ihrer Schwingungsbewegungen beruhen auf einem System von Rhythmen, Beziehungen, Verhältnissen und Harmonien, die überall in der natürlichen und in der vom Menschen geschaffenen Welt vorkommen – von den Bewegungen der Planeten um die Sonne über das Wachstum der Zellen und Pflanzen, von den heiligen Zahlen und Ordnungssystemen der alten Kulturen und Religionen bis zur Kunst, Architektur und Mathematik. Musik ist eine universelle menschliche Sprache. Sie ist Teil von Einweihungs- und Übergangsriten, sie ist ein Führer durch die Labyrinthe des sich erweiternden Bewusstseins, ein Weg zu innerstem Heilen und spiritueller Erfüllung.

Durch die Jahrhunderte hindurch haben die Menschen Klänge, ganz besonders musikalische Töne, auch zum Heilen verwendet. Die Ursprünge des Heilens mit Klang und Musik können bis in vorgeschichtliche Zeiten zurückverfolgt werden und darüber hinaus in die Bereiche des Mythos, der Religion und der in der Seele eingeprägten Erinnerungen.

Das Altertum

Im alten Ägypten war die Hieroglyphe für Musik dieselbe wie die für Freude und Wohlbefinden. In der vedischen Religion des alten Indiens und der Philosophie der Schule des Pythagoras im klassischen Griechenland galten alle physischen Formen als Manifestation der Musik. Wie wir noch sehen werden, finden die Verhältnisse der musikalischen Töne zueinander ihre Entsprechung in den Proportionen natürlicher und architektonischer Formen. Die-

Klang und Musik können Herz und Geist von Millionen für gemeinsame Zwecke verbinden. Der Erfolg von Wohltätigkeitskonzerten demonstriert den machtvollen Vereinigungseffekt gemeinsamen Musikhörens.

EINLEITUNG

Sichtbarer Klang: Das computerverstärkte Bild eines Babygesichtes (nach links schauend), zwei Monate vor der Geburt. Das Bild entsteht, indem das Echo eines Ultraschalls aufgefangen wird, Töne, die für das menschliche Ohr zu hoch sind (siehe Seite 29).

se alten Lehren besagten, dass Leben und Gesundheit auf einem ausgewogenen Spiel von Verhältnismässigkeiten und harmonischen Beziehungen von Körper und Geist, Gesellschaft und Natur beruhen. Dieselben Verhältnismässigkeiten und Harmonien manifestierten sich in Klang und Musik. Richtig angewendet, konnten Klänge Heilung bewirken, indem sie das harmonische Gleichgewicht von Körper und Seele wieder herstellten. Zu den Heilmethoden der alten Zeit gehörte daher oftmals rhythmisches Singen und sogenanntes Chanten von bestimmten ausgewählten heiligen Melodiefolgen. (Beim Chanten handelt es sich um eine Art vokalisierte Meditation, ein rhythmisches Wiederholen von tranceartig wirkenden Gesängen.)

In den alten Kulturen galt die irdische Musik als Widerhall oder Resonanz der kosmischen Musik, die beide den gleichen göttlichen Gesetzen gehorchen. Wenn die weltlichen Klänge die göttlichen Gesetzmässigkeiten widerspiegelten, dann hatten sie auch die Kraft, Schmerzen und Leid zu lindern und Gesundheit und Heilung zu fördern. Kosmologie und Musiktheorie entwickelten sich nach vergleichbaren Grundsätzen, die auch die Formgebung von Musikinstrumenten, die Komposition und Aufführung und die innere Haltung des Zuhörers bestimmten. Die Menschheit könnte, richtig eingestimmt, auf der Suche nach universeller Harmonie im Einklang mit den Sternen singen.

Achtung vor der Musik

Die Macht der Musik, unmittelbar das Gefühl anzusprechen, ist nicht nur ein vielbeschworenes poetisches Bild, sie ist auch der Kern jeder Aufführung. Musik kann die logischen und analytischen Filter des Verstandes umgehen und einen direkten Zugang zu tiefliegenden Gefühlen und Leidenschaften herstellen, die in Erinnerung und Vorstellungskraft ihren Ursprung haben; und das wirkt sich wiederum auf den Körper aus.

Körperliche Reaktionen können auch auf andere Weise ausgelöst werden. Energien, einschliesslich der Klangenergie, sind moralisch neutral, das heisst, sie können zum Guten oder Schlechten verwendet werden. Klang hat Macht. Wird diese missbraucht, kann sie irritieren, verwirren, verletzen und sogar töten. Achtung vor dem Leben und ein Sinn für moralische Verantwortung sind massgebend für die angemessene Anwendung von Klangenergien. Dieses Verantwortungsbewusstsein wurde bei Schülern der klassischen Philosophie im alten Griechenland und Rom vorausgesetzt, wenn es darum ging, heilende Musik gezielt so auszuwählen, dass sie Gesundheit, Reinheit und einem festen Charakter dienten.

Die Heilkräfte des Klanges

Heilende Mantras (dies sind als wirkungskräftig geltende religiöse Sprüche oder Formeln), Gesänge und Anrufungen, haben sehr alte, im dunkeln liegende Ursprünge. Das Wissen um die Macht, die Rhythmus, Klang und Worte haben, hat Jahrhunderte des Materialismus überdauert und bleibt ein lebendiges Erbe für die Zukunft.

Ägyptische Papyri medizinischen Inhalts belegen schon für die Zeit vor 2600 Jahren die Heilung von Unfruchtbarkeit, von rheumatischen Schmerzen und Insektenstichen durch Beschwörungen. 324 v. Chr. soll die Musik einer Lyra Alexander den Grossen

EINLEITUNG

wieder zu klarem Verstand gebracht haben. Das Alte Testament berichtet, dass David seine Harfe spielte und so König Saul von «dem bösen Geist», der ihn plagte, erlöste. Die Essener verwendeten zum Heilen heilige Worte, und in der hellenistischen Kultur diente Flötenspiel der Linderung der Schmerzen von Hexenschuss und Gicht.

Das Wissen um die Wirkung von Klängen, Rhythmen und Gesängen war ein wichtiger Bestandteil der Heilkräfte der Schamanen, der Medizinmänner, der heilkundigen Frauen und der druidischen Priesterärzte der keltischen Kultur. Das Thema der Musik als Sinnbild für göttliche Ordnung und Wohlgestalt durchzieht die mystische Literatur des Judentums, des Islams, des Christentums und der Gnostik.

Heilung in der Renaissance

Die grossen Gelehrten des Mittelalters und der Renaissancezeit erkannten die zentrale Bedeutung der Musik für das Verständnis des Universums und der Menschheit. Unter diesen vielseitig gebildeten Menschen waren auch Heiler und Ärzte. Während der Regierungszeit Elisabeth I. heilte der Mediziner Thomas Campian Depression und ähnliche Beschwerden mit Hilfe seiner Lieder.

Grosse Komponisten deckten die Verbindungen zwischen Klang, Musik und Gesundheit auf. Georg Friedrich Händel soll gesagt haben, dass er sein Publikum mit seinen Kompositionen nicht unterhalten wolle, sondern er wünsche, seine Zuhörer «besser zu machen». Farinelli, einer der berühmtesten Opernsänger des 18. Jahrhunderts, heilte Spaniens König Philipp V. von einer chronischen Krankheit, indem er wiederholt die Lieblingsarie des Königs sang. Martinus, ein anderer Sänger jener Zeit, beschrieb, wie seine Darbietungen bei seinen Zuhörern hohes Fieber zu senken vermochten. Er vertrat die Meinung, dass die Vorzüge der Musik, vom Sänger mittels der Luft übertragen, in den Körper des Patienten gelangen und dort natürliche Lebenskraft und Wohlbefinden wiederherstellen können.

Messung von Klangwirkungen

Die wissenschaftliche Forschung des 19. Jahrhunderts untersuchte die physiologischen Auswirkungen der Musik, indem sie ihre Wirkung auf Atmung, Herzschlag, Kreislauf und Blutdruck mass. Auf der Grundlage dieser Forschungen konnten ausgesuchte Musikstücke erfolgreich zur Linderung gewisser Beschwerden eingesetzt werden. Mehr und mehr gewannen Klang und Musik Beachtung und Anerkennung als wertvolle therapeutische Hilfsmittel, besonders in den Bereichen der geistigen und seelischen Gesundheit und der Verhaltenstherapie.

Wissenschaftliche Studien haben bestätigt, dass die Resonanz die Grundlage der Heilung durch Klang und Musik ist. Das akustische Prinzip der Resonanz (im ersten Kapitel ausführlicher erklärt) gilt nicht nur für Musikinstrumente, sondern auch für den menschlichen Körper. Wenn Schallwellen in den Körper gelangen, kommt es zu entsprechenden Schwingungen der lebenden Zellen, welche den Zustand der Gesundheit wiederherstellen und verstärken helfen. Der hohe Wassergehalt des Körpergewebes hilft den Schall zu übertragen. Gesamthaft kommt die Wirkung einer tiefen Massage auf molekularer Ebene gleich.

Der Mensch lässt sich mit einem sehr komplexen, einzigartigen, feingestimmten Musikinstrument vergleichen. Jedes Atom, jedes Molekül, jede Zelle, jedes Gewebe und Organ des Körpers gibt ständig die Frequenzen des körperlichen, emotionalen, mentalen und spirituellen Lebens wieder. Die menschliche Stimme ist ein wichtiger Anhaltspunkt für die Gesundheit auf all diesen Ebenen. Sie stellt das Bindeglied dar zwischen dem Individuum und dem wundersamen Schwingungsnetz des gesamten Kosmos.

Eine ganzheitliche Vision

Kein wissenschaftlicher oder spiritueller Fortschritt verläuft sanft und ununterbrochen. Irrtümer und Enttäuschungen sind unvermeidbar. Sowohl ein elitärer Anspruch wie auch eine Verwässerung aus kommerziellen Gründen laufen der Entwicklung hin zu einer ganzheitlichen Sicht der Musik zuwider. Der mystische Fluss des heiligen Klanges ist jedoch stets da, er fliesst unsichtbar und erscheint immer da, wo zeitlose Weisheit gewürdigt wird. Die Herausforderung besteht darin, auf unseren eigenen unmittelbaren Erfahrungen aufzubauen und einen Sinn im Leben neu zu entdecken. Von anderen vorgeschriebene Weisheit genügt nicht. Erkenntnisse aus zweiter Hand lassen uns unbefriedigt. Das Ziel ist eine umfassende ganzheitliche Vision, in der die Gipfel spirituellen Erlebens sich mit dem Staub und dem Trubel des Alltags verbinden. Klang und Musik können diese Vision zur Wirklichkeit werden lassen. Dieses Buch eröffnet einen Weg, um auf persönlicher und universaler Ebene Harmonie herzustellen.

> Musik ist Stille und Klang, gemeinsam tanzend im Raum.
> Die Himmel sind Musik, die Erde ist Musik.
> Zum Leben erweckt, hören wir.
> Lebendiges Klingen des Wortes, singen wir.
> Umfangen von Stille und Klang, gemeinsam in endlosem Gesang ersteht Harmonie.
> Lausche mit Liebe. Erwache zur Musik.
> Die Wahrheit zum Klingen zu bringen, birgt Heilung.

DIE NATUR DES KLANGES

Klang ist ein fester Bestandteil des Lebens. Seit jeher benutzten die Menschen Laute, um Informationen über die Umwelt einzuholen und miteinander zu kommunizieren. Bereits in der frühesten Zeit, als ungeborenes Baby, hörten wir den Herzschlag der Mutter und bekamen eine gedämpfte Vorstellung der Aussenwelt.

Wir leben in einer Welt des Klanges. Bekannte und noch niemals gehörte, harmonische und chaotische, fremde und vertraute, angenehme und unangenehme Klänge – Klänge, die krank machen, und Klänge, die heilen. Dieses Kapitel ist den wissenschaftlichen Grundlagen des Klanges gewidmet. Es zeigt, wie Klänge erzeugt, übertragen und über das Gehör wahrgenommen werden; es beschreibt, in welchen Beziehungen, Proportionen und Harmonien der Musik sich universelle Gesetzmässigkeiten spiegeln, die überall in der Natur vorkommen. Dieser Hintergrund ermöglicht ein vertieftes Verständnis der therapeutischen Anwendung der Klänge.

Klang ist Bewegung. Genauer, Klang ist schwingungsmässige Bewegung, dadurch hervorgerufen, dass Objekte sich in der Art eines schwingenden Pendels hin und her bewegen, das heisst oszillieren. Letztlich ist Klang die Bewegung von Atomen und Molekülen. Die von Objekten ausgehenden Töne – vom Sirren der winzigen Flügelchen einer Mücke bis hin zum Ächzen eines sturmwindgepeitschten Baumes – entspringen der Bewegung von Millionen von Atomen und Molekülen, aus denen sich das Objekt zusammensetzt.

«Schläft ein Lied in allen Dingen,
Die da träumen fort und fort,
Und die Welt hebt an zu singen,
Triffst du nur das Zauberwort.»
Joseph von Eichendorff

Übung zur Natur des Klanges
Untersuchen Sie einen klangerzeugenden Gegenstand, wie zum Beispiel eine Gitarrensaite, einen Lautsprechertrichter oder eine Stimmgabel. Vielleicht können Sie das Hin- und Herschwingen, welches den Klang erzeugt, sehen und auch, wie schliesslich mit dem Abschwellen des Tones die Bewegung nachlässt. Wenn die Schwingung so schnell ist, dass das Auge ihr nicht mehr folgen kann und die Bewegung nur noch verschwommen erscheint, berühren sie den Gegenstand leicht. Mit den Fingerspitzen können Schwingungen wahrgenommen werden, die für das Auge zu schnell oder auch zu gering sind. Ihre Finger werden vermutlich die Schwingungen spüren können, aber sie werden sie auch dämpfen, so dass der Ton schneller verklingt.

Dinka-Musiker aus dem Sudan spielen eine Vielzahl von Schlag- und Blasinstrumenten. Rhythmisches Trommeln und das Einbeziehen des Atems erzeugen sehr persönliche Töne, die zu therapeutischen Zwecken, als Form der Mitteilung und als Bestandteil traditioneller Festlichkeiten eingesetzt werden.

DIE NATUR DES KLANGES

Klang und Energie

In der klassischen Wissenschaft wird Energie definiert als die Fähigkeit, Arbeit zu leisten. Ein sich bewegendes Objekt kann aufgrund der Energie, die in der Bewegung zum Ausdruck kommt, Dinge bewirken. Ein grosser Fluss hat die Energie, die riesigen Turbinen von elektrischen Generatoren anzutreiben. Auf diese Weise wird die Kraft des fliessenden Wassers in elektrische Energie umgewandelt. Diese Art von Energie, die bewegten Objekten oder Substanzen eigen ist, wird Bewegungsenergie oder kinetische Energie genannt.

Klang ist das Ergebnis schwingungsmässiger Bewegungen der Luft, des Wassers oder beliebiger Objekte. Auch hier handelt es sich also um eine Form kinetischer Energie. Diese Energie kann chaotisch oder geordnet, schwach oder kraftvoll sein. Die gesamte Geräuschenergie, die von einer begeisterten, klatschenden Menge

Die Schwingungen der beiden Enden der Stimmgabel erzeugen in der umliegenden Luft Bereiche mit hohem und niedrigem Druck, die sich in schlangenförmiger Bewegung als Schallwellen ausbreiten (siehe Seite 20).

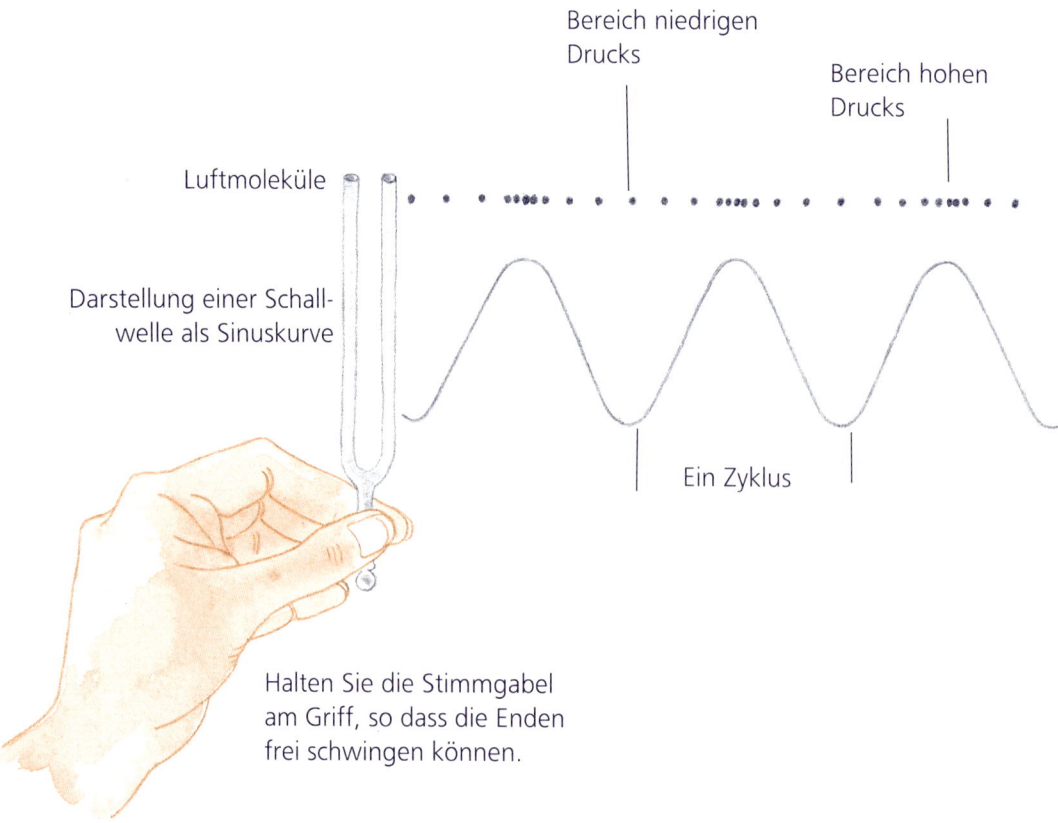

Bereich niedrigen Drucks

Bereich hohen Drucks

Luftmoleküle

Darstellung einer Schallwelle als Sinuskurve

Ein Zyklus

Halten Sie die Stimmgabel am Griff, so dass die Enden frei schwingen können.

während einer grossen Sportveranstaltung erzeugt wird, würde jedoch, in Wärmeenergie umgewandelt, kaum ausreichen, Wasser für eine Tasse Kaffee zu kochen. In der modernen Medizin kann ein starker hoher Ton so präzise gelenkt werden, dass er Nieren- oder Gallensteine in Schwingung versetzt und zertrümmert. Die vielseitigen Wirkungen des Klanges auf Körper und Geist beruhen auf diesen ihm innewohnenden Energien.

Zyklen, Frequenz und Tonhöhe

Um Klang zu erzeugen, muss ein Gegenstand schwingen, das heisst sich hin und her bewegen. Jede abgeschlossene Hin- und Herbewegung, beispielsweise einer Gitarrensaite oder Stimmgabel, wird als ein Zyklus bezeichnet. Die Saite oder Stimmgabel schwingt mit Hunderten von Zyklen pro Sekunde. Die genaue Rate hängt davon ab, wie die Gabel gestimmt ist. Die Anzahl der

Hohe Töne weisen mehr Oszillationen, das heisst Zyklen pro Sekunde, auf als tiefe Töne. Die Wellen eines hohen Tones sind in der bildlichen Darstellung dichter zusammengedrängt als die von tiefen Tönen. Dies bedeutet, dass die Wellenlänge von hohen Tönen kürzer ist als die von tiefen Tönen.

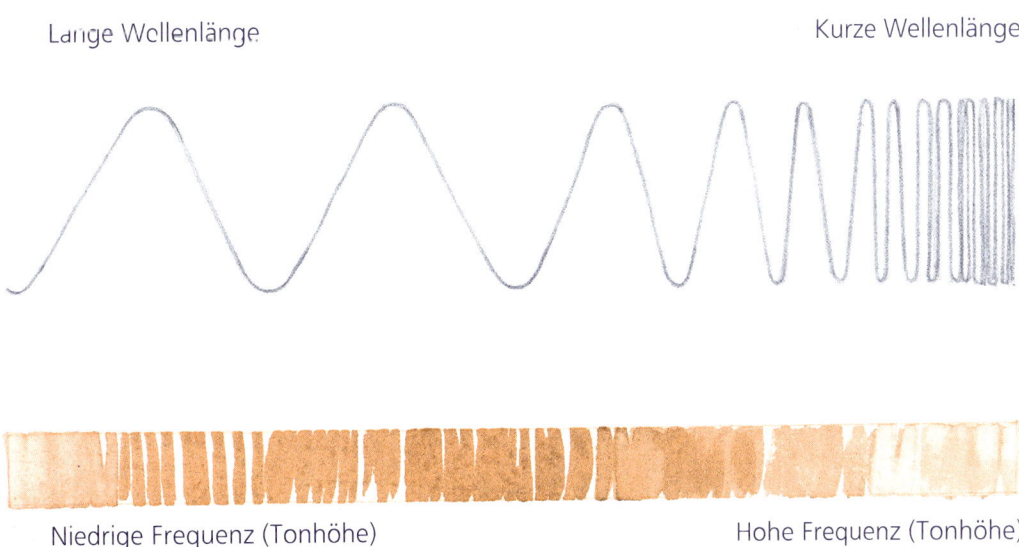

DIE NATUR DES KLANGES

Stimmgabel-Übung

Mit der Stimmgabel lassen sich nicht nur die Schwingungen, die den Klang ausmachen, veranschaulichen, sondern auch die wichtigsten weiteren Begriffe von Ton und Musik, wie sie von Toningenieuren, Musikern, Sängern und Klangtherapeuten gleichermassen verwendet werden. Dazu gehören etwa die Begriffe Frequenz und Wellenlänge. (Wenn Sie keine Stimmgabel haben, verwenden Sie irgendeinen anderen langen, federnden Gegenstand, z. B. ein Lineal aus Metall.) Halten Sie die Stimmgabel am Griff, so dass die Enden frei schwingen können. Versetzen Sie die Stimmgabel in Schwingung, indem Sie die Enden zusammendrücken und dann schnell loslassen. Oder schlagen Sie das eine Ende an einen fest gepolsterten Gegenstand. Schlagen Sie damit nie gegen eine harte Kante, da die Stimmgabel sehr empfindlich ist und leicht beschädigt werden kann. Was sehen Sie? Die Enden oszillieren, sie vibrieren hin und her. Dies geschieht so schnell, dass das Auge der Bewegung nicht folgen kann, und die Enden deswegen verschwommen erscheinen. Was hören Sie? Den reinen Klang eines musikalischen Tones, hervorgebracht durch die schwingenden Enden einer Stimmgabel.

Hin- und Herbewegungen pro Sekunde heisst Frequenz. Die Frequenz eines Klanges ist eines der wichtigsten Merkmale für seine Anwendung in der Klangtherapie. Die Frequenz wird in Hertz, abgekürzt Hz, gemessen. Ein Hz bedeutet eine Schwingung oder ein Zyklus pro Sekunde. Klopft man im Abstand von je einer Sekunde mit dem Finger auf eine Oberfläche, so entsteht ein Klang mit der Frequenz von einem Hz. Bei einer solch niedrigen Frequenz nimmt das Ohr die einzelnen Zyklen noch als unterscheidbare Einheiten wahr. Erst wenn die Frequenz über etwa 20 Hz steigt, verschmelzen sie für das Ohr zu einem zusammenhängenden Ton (siehe Seite 27).

Wir sprechen von «tiefen» Tönen wie dem Grollen des Donners und «hohen» Tönen wie dem Quieken einer Maus. Tiefe Töne haben niedrige Frequenzen, und hohe Töne haben hohe Frequenzen. Ein Donnergrollen hat 20–40 Hz (Schwingungen pro Sekunde) und ein Mäusequieken etwa 3000 Hz. Der Ton in der Mitte der Klaviertastatur, das eingestrichene c', hat 256 Hz. Diese Frequenz liegt ungefähr im Durchschnitt der Frequenzen normaler menschlicher Stimmhöhen, die gewöhnlich zwischen 200 und 400 Hz liegen.

Grosse Objekte, wie diese massive Tempelglocke in Kyoto, in Japan, schwingen in tieferen Frequenzen als kleinere Objekte. Wenn die Glocke angeschlagen wird, ertönt ein ausserordentlich tiefer, dröhnender Klang.

DIE NATUR DES KLANGES

Schallwellen und Wellenlängen

Wenn die schwingenden Enden der Stimmgabel sich hin und her bewegen, üben sie auf die sie umgebende Luft einen rasch wechselnden Druck aus. Luft besteht aus flüchtigen Gasmolekülen. Jede Schwingung der Gabelenden drückt zunächst die naheliegenden Luftmoleküle näher zueinander, um sie dann wieder voneinander fortzuziehen. Diese «Wellen» von Kompression und Expansion, die Schallwellen, setzen sich durch die Luft hindurch fort wie Wellen auf einem Teich, jedoch in allen drei Dimensionen. Eigentlich handelt es sich bei den sich in der Luft fortbewegenden Schallwellen um Luftmoleküle, die sich hin und her, das heisst longitudinal, um eine Längsachse bewegen. Es ist jedoch üblich, sie graphisch als weiche Auf- und Abbewegung einer typischen Sinuswellenform darzustellen, wie auf Seite 16 abgebildet.

Bei der wellenförmigen Darstellung gilt der Abstand zwischen zwei einander entsprechenden Punkten zweier aufeinanderfolgender Schallwellen, zum Beispiel von einer Spitze zur nächsten, als Wellenlänge.

Die Wellenlänge des eingestrichenen c' auf dem Klavier beträgt 1,22 m. Es besteht eine direkte mathematische Beziehung zwischen Wellenlänge und Frequenz. Je höher die Frequenz, desto kürzer die Wellenlänge.

Die Schallwellen durchdringen nicht nur die Luft, sie übertragen sich auch von einem schwingenden festen Gegenstand auf einen anderen Gegenstand, der mit dem ersten in Berührung kommt.

Versetzen Sie die Stimmgabel in Schwingung und setzen Sie den Griff auf einen Gegenstand auf, der die Schwingungen gut aufnehmen kann, wie zum Beispiel einen Behälter aus feinem Metall, eine Glasschüssel oder die Tischplatte. Beachten Sie, wie nun auch vom zweiten Gegenstand ein Ton ausgeht. Auch die Übertragung der Schwingungen lässt sich wahrnehmen, wenn man den Griff einer schwingenden Stimmgabel an die Spitze des Kopfes hält. Tatsächlich kann Schall jedes Medium wellenartig durchdringen – Luft, Metall, Glas, Holz, Wasser und so weiter.

Lautstärke und Dezibel

Das Bewegungsausmass schwingender Atome und Moleküle bestimmt die Lautstärke eines Klanges. Einfacher ausgedrückt, wenn ein Luftmolekül nur wenig hin und her schwingt, ergibt dies

---

Die Schallgeschwindigkeit

Schallwellen bewegen sich von ihrem Ursprung aus mit einer Geschwindigkeit von 340 Meter pro Sekunde. Dies ist die Geschwindigkeit in der Luft, auf Meereshöhe und bei 20 Grad Celsius. Andere Substanzen leiten Schall schneller. In Stahl beträgt die Geschwindigkeit 5000 Meter pro Sekunde und in Glas 5600 Meter pro Sekunde. Obwohl die Geschwindigkeit hier höher ist, verklingt der Ton in diesen dichteren Substanzen gewöhnlich schneller.

Im Wasser beträgt die Geschwindigkeit des Schalls 1500 Meter pro Sekunde. Der menschliche Körper besteht zu zwei Dritteln aus Wasser. Die Geschwindigkeit, mit der der Schall sich durch die Gewebe und Organe fortpflanzt, hängt weitgehend von deren Wassergehalt ab. Und dies ist ausschlaggebend für die Heilwirkung des Klanges.

Die Dezibel(dB)-Skala ist nicht linear. Der Anstieg an Klangintensität zwischen 20 und 30 dB ist geringer als der zwischen 30 und 40 dB, dieser wiederum ist geringer als jener zwischen 40 und 50 dB usw. Am oberen Ende der Skala bedeutet die Zunahme um nur wenige Dezibel einen ungeheuren Anstieg der Klangintensität.

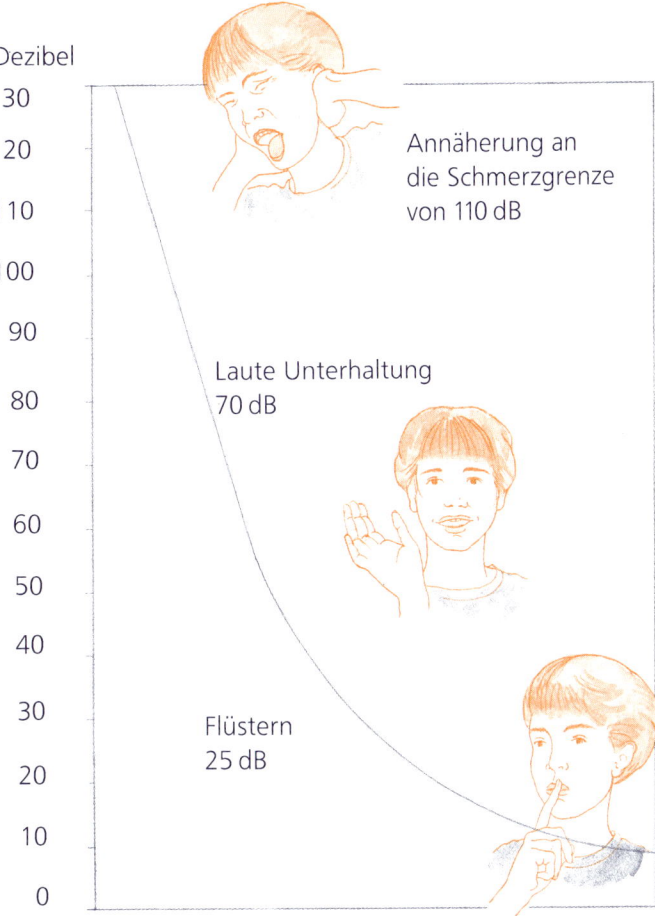

einen leisen Ton; wenn es stärker vibriert und bei jeder Oszillation einen weiten Weg zurücklegt, entsteht ein lauter Ton.

Die Lautstärke ist ein weiterer wichtiger Faktor, der über den Wert eines Klanges in der Klangtherapie entscheidet (siehe Seite 85). Die Lautstärke kann man sich bildlich vorstellen als die Höhe oder den Ausschlag der Schallwelle (Amplitude). Sie wird, wie in der obenstehenden Tafel gezeigt, in Dezibel, abgekürzt dB, gemessen. Die meisten Menschen können keine Töne unterhalb von 20 dB wahrnehmen. Gewöhnliche Gespräche finden im Bereich von etwa 60 dB statt, ein lautes Orchester- oder Rock-Konzert um 80–90 dB. Die Schmerzgrenze liegt bei 120 dB. Lebewesen können sterben, wenn sie Tönen über 150 dB ausgesetzt werden – dies ist wohl der extremste Ausdruck der Macht von Klang und Schwingung.

Klang und Resonanz

Jeder Gegenstand hat seine ureigene natürliche Schwingungsfrequenz. Tippen Sie ein feines Weinglas mit dem Finger an – es lässt einen feinen Ton erklingen: seine natürliche Frequenz, die be-

Schallwellen und Lichtwellen

In der Physik wird das Phänomen der Schallwellen getrennt von dem der Lichtwellen betrachtet. Schall existiert als die Bewegung von Atomen und Molekülen und von Objekten. Er bedarf der Materie zu seiner Übertragung. Schallwellen können sich nicht in einem Vakuum oder im All fortpflanzen.

Lichtwellen, Radiowellen, Röntgenstrahlen und ähnliche Arten von Wellen bedürfen keiner Materie. Sie existieren als Wellen von elektromagnetischen Kräften, ähnlich wie die unsichtbaren Linien magnetischer Kraftfelder im Umkreis eines Magneten. Diese Wellen können sich im Vakuum des Weltraumes fortbewegen. Sowohl Klang wie Licht sind Formen der Energie und weisen in ihrer wellenähnlichen Natur viele Parallelen auf.

Musikerin aus Shanghai, China, beim Lautenspiel. Einige der Schallwellen, die von den Saiten erzeugt werden, werden vom hölzernen Klangkörper der Laute aufgenommen, umgewandelt und wiedergegeben. Das Ergebnis ist eine zarte und dem Ohr angenehme Verbindung von Klangwellen.

stimmt wird durch Grösse, Form und das Material, aus dem es gemacht wurde. Ein geübter Sänger könnte den natürlichen Ton des Glases nachahmen und es im Gleichklang mitschwingen lassen. Ein Phänomen, das als Resonanz bekannt ist. Würde der Sänger Klangwellen mit genügender Kraft und Genauigkeit erzeugen, würde das Weinglas mehr und mehr in Schwingung versetzt, bis die Schwingungsenergie zu stark für seine Struktur wird und es zerspringt.

Der Effekt der Resonanz entsteht dadurch, dass eine Klangquelle, wie zum Beispiel eine gezupfte Saite, Schallwellen auslöst, die ihre Energie an die umliegenden Objekte weitergeben. Wenn diese Gegenstände dieselbe natürliche Schwingungsfrequenz besitzen, werden sie ebenfalls in Schwingungsbewegungen versetzt. Resonanz ist ein grundlegendes physikalisches Prinzip, das viele wertvolle Anwendungsmöglichkeiten in der Klangtherapie bietet (siehe Seite 90–91).

Harmonieschritte

Wir haben ein instinktives Empfinden für die Qualität eines Klanges. Wir hören und beurteilen Klänge als gut oder schlecht, angenehm oder unangenehm, chaotisch oder geordnet, lärmig

Resonanz-Übung

Stellen Sie zwei gut gestimmte akustische Gitarren, Violinen oder andere Saiteninstrumente wenige Zentimeter entfernt einander gegenüber. Zupfen Sie eine Saite auf einem der Instrumente, lassen Sie diese ein bis zwei Sekunden schwingen, und dämpfen Sie sie dann mit den Fingern. Die entsprechende Saite des anderen Instrumentes wird nun schwingen und einen ganz schwachen Ton abgeben, obwohl sie nicht berührt wurde. Dies allein durch die Schallwellen, die von der ersten Saite ausgesandt wurden. Zwei Saiten, die aufeinander abgestimmt sind, weisen die gleiche natürliche Schwingungsfrequenz auf. Wenn eine gezupft wird, erzeugt sie Schallwellen, die an die umliegenden Gegenstände weitergeleitet werden, in diesem Fall auch an das zweite Saiteninstrument. Die Saite mit der gleichen natürlichen Frequenz nimmt die Schwingung am stärksten auf und beginnt im Einklang mitzuschwingen. Solche durch einen Klang mit entsprechender Frequenz hervorgerufene gleichartige Schwingung eines Objekts wird als akustische Resonanz bezeichnet.

DIE NATUR DES KLANGES

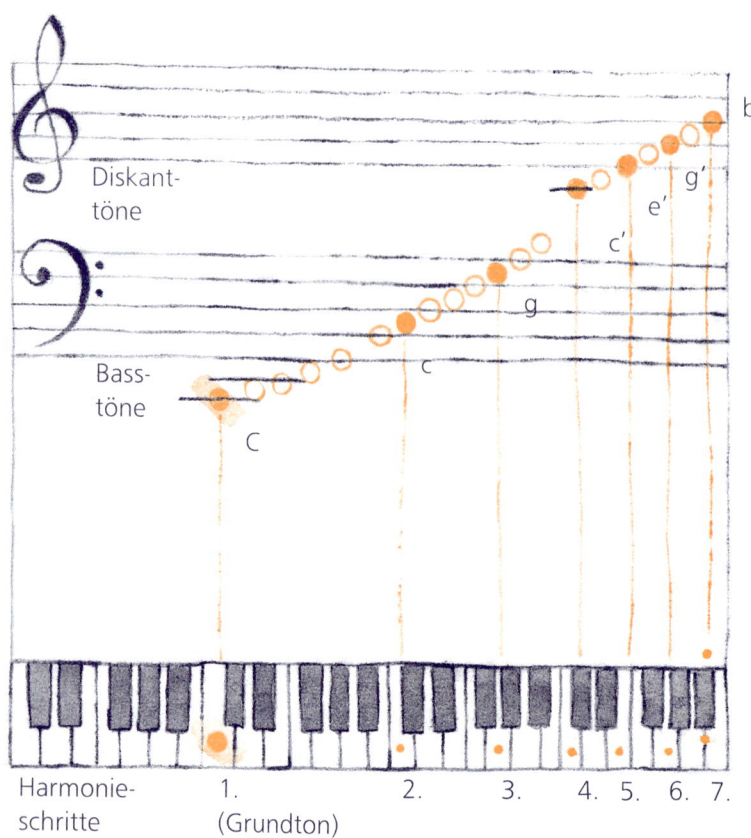

Der Ton eines Musikinstruments oder der menschlichen Stimme ist kein reiner Ton, sondern aus mehreren harmonischen Teiltönen zusammengesetzt. Der unterste, stärkste Teilton ist der Grundton, die mit ihm mitklingenden Teiltöne werden Obertöne genannt. Zur Veranschaulichung dienen die Tasten des Klaviers. Die gezeigte aufsteigende Harmoniereihe basiert auf dem Grundton C (dieses C liegt zwei Oktaven unter dem eingestrichenen c'). Die mit dem ersten, dem Grundton, mit erklingenden Teiltöne weisen die unten gezeigten Schwingungen auf.

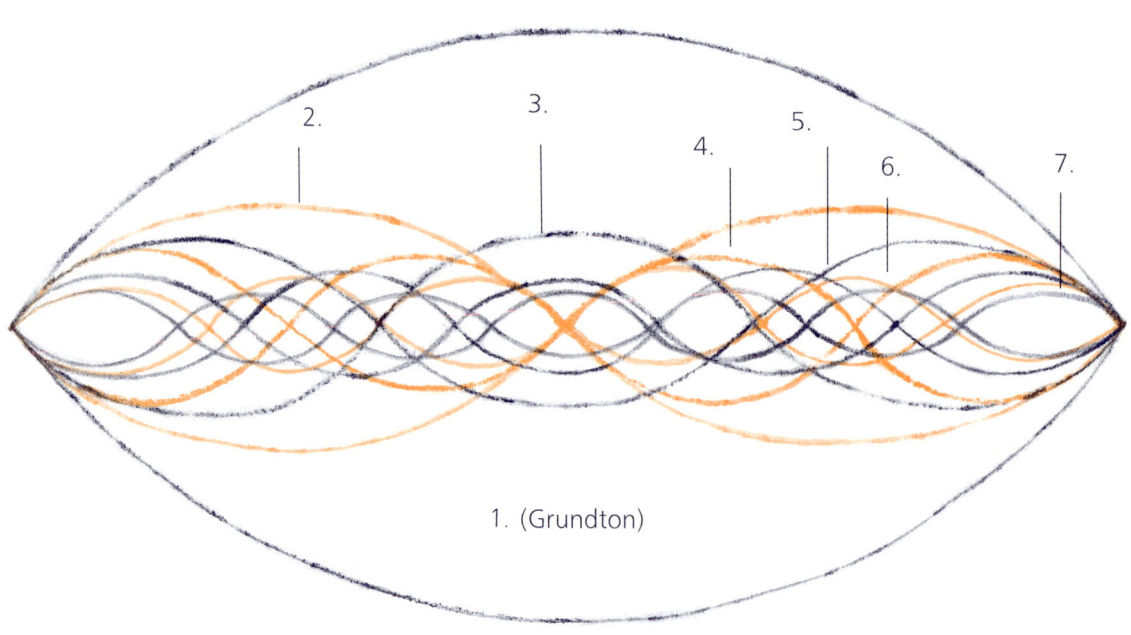

oder musikalisch. Die therapeutische Wirkung musikalischer Töne ist das Gegenstück zu den negativen Gefühlen, die ein lärmiges Geräusch hervorruft. «Lärm» ist das Ergebnis von ungeordneten, unorganisierten Klangwellen, deren Frequenzen und Lautstärke keine Beziehung zueinander erkennen lassen.

Was ist das Besondere an musikalischen Tönen? Sie bestehen aus Teiltönen, deren Schwingungen in bestimmten harmonischen Verhältnissen zueinander stehen. Die Beziehungen zwischen den Wellenfrequenzen der einzelnen Teiltöne ist gewöhnlich einfacher mathematischer Art. So wird zum Beispiel ein Harmonieschritt dadurch gebildet, dass ein Teilton die doppelte Frequenz des Grundtons besitzt (die Wellenlänge ist dann halb so gross) oder die vierfache Frequenz des Grundtons (die Wellenlänge beträgt dann ein Viertel von jener des Grundtons). Weitere häufig vorkommende Verhältnismässigkeiten sind auf Seite 31 erklärt.

Um in einem Bild zu sprechen: Ein Maler kann eine farbige Landschaft mit vielen Schattierungen nicht mit einem einzigen Farbton darstellen. Statt reiner Farben machen feine Tönungen, Nuancen und Schattierungen das Bild für das menschliche Auge angenehm. In gleicher Weise erzeugen nur wenige natürliche Klangquellen einen «reinen» Ton mit einer einzigen Frequenz. Ein echter musikalischer Klang, wie jener von Klavier- oder Gitarrensaiten, setzt sich aus vielen verschiedenen Teiltönen mit unterschiedlichen Frequenzen zusammen. Es gibt gewöhnlich eine grundlegende Frequenz, den Grundton, nach dem auch die Saite benannt wird. Dieser Grundton wird durch die in ihrer ganzen Länge zwischen den beiden Fixierungen auf- und abschwingende Saite hervorgerufen; es handelt sich dabei eigentlich um eine Schwingung von halber Wellenlänge. Die Position des Tones auf der Tonleiter (A, H, C usw.) wird von drei Hauptfaktoren bestimmt: der Saitenlänge, deren Spannung und Dicke.

Die Grundfrequenz oder der Grundton wird von Mustern von Harmonieschritten überlagert. Diese Harmonieschritte sind abgestimmt auf den Grundton, und das Ergebnis verwöhnt unser Ohr und unser Gemüt und hat so heilsame Wirkung.

Tonleitern und Oktaven

Die Anzahl, die Kombination und das Gleichgewicht von Grundtönen und Harmonieschritten bestimmt die Qualität eines Tones. Tatsächlich besteht jeder Ton, musikalisch oder nicht, aus einem einzigartigen Muster von Grundtönen und Harmonieschritten,

Die in ihrer ganzen Länge schwingende Saite erzeugt den Grundton oder den ersten Teilton der Harmonie. Der zweite Teilton schwingt in der doppelten Frequenz des Grundtons, der dritte in der dreifachen, der vierte in der vierfachen und so weiter.

von dem seine Fülle, Klarheit, Qualität und Individualität abhängen. Sänger und Musiker verwenden viel Zeit und Sorgfalt auf die Pflege der Tonqualität, des Timbres, und bemühen sich darum, ihre Stimme und ihre Instrumente zu besonderer klanglicher Reinheit, Brillanz und Wärme zu bringen.

Harmonieschritte, die sich aus der Verdoppelung einer Frequenz ergeben, die dann wiederum verdoppelt wird und so weiter, haben einen besonderen Platz in der Musik. Sie bilden die Grundlage für das Gesetz der Oktaven, das die Musik mit den universellen Gesetzmässigkeiten von Proportion und Symmetrie verbindet. Das Verdoppeln der Frequenz eines Tones erzeugt sozusagen «den gleichen Ton auf einer höheren Ebene». Das ist die Grundlage der Oktave. Die Frequenz des eingestrichenen c', 256 Hz, verdoppelt sich, um eine ähnliche Note, jedoch eine Oktave höher, zu bilden, nämlich c'' (512 Hz). Diese Frequenz verdoppelt sich wieder zum c'''. In der anderen Richtung ergibt die Halbierung der Frequenz von c' c, einen ähnlich klingenden Ton, jedoch eine Oktave tiefer als das eingestrichene c'. Die bei uns gebräuchliche Tonleiter gründet auf der Reihenfolge von Harmonieschritten innerhalb einer Oktave, wie sie schon anhand der Schwingungen der Saite erklärt wurde. Wenn der Grundton C ist, dann ergibt der dritte Harmonieschritt, bei dem die Saite in drei Abschnitten schwingt (1½ Wellenlängen), die Note G. Der fünfte Harmonieschritt, eine Saite, die in fünf Abschnitten schwingt (2½ Wellenlängen), ergibt die Note E und so weiter, die ganze Tonleiter hinauf. Das Verhältnis – der «Abstand» – zwischen der Frequenz des Grundtons und jener der harmonischen Teiltöne wird als musikalisches Intervall bezeichnet.

Klänge hören: das Ohr

Das menschliche Ohr ist ein komplexes Gebilde von erstaunlicher Empfindsamkeit (siehe Seite 28). Es ist nicht nur das Organ des Hörens. Es dient auch der Wahrnehmung der Lage und der Bewegung des Kopfes ebenso wie der Richtung der Schwerkraft und trägt so zum Gleichgewichtssinn bei. Dadurch sind wir in der Lage, fliessende, koordinierte Bewegungen auszuführen.

Das äussere Ohr, die Ohrmuschel, sammelt lediglich die Schallwellen. Diese werden durch den äusseren Gehörkanal geleitet, welcher etwa 25 mm lang und leicht S-förmig geschwungen ist. Die Schallwellen treffen auf das Trommelfell am Ende des äusseren Gehörkanals. Das Trommelfell ist eine straff gespannte

Das Ohr und die Formen der Natur

Die Beziehung zwischen der Form bestimmter Teile des Ohrs (siehe Seite 28) und anderen in der Natur vorkommenden Formen wurde schon vor langer Zeit festgestellt und ist in verschiedene therapeutische Systeme mit eingeflossen. Die Form des äusseren Ohrs entspricht andeutungsweise dem zusammengekrümmten Fötus im Mutterleib. Die Form der Schnecke, ähnlich der Nautilusmuschel, erinnert an die Spiralform von Galaxien, von Wettersystemen und von den Wirbeln, die durch Schallwellen hervorgerufen werden.

hautartige Membrane, die etwa 8 auf 10 mm misst. Schwingende Luftmoleküle übertragen ihre kinetische Energie auf die Membrane und lassen sie im Gleichklang mit den Frequenzen (Tonhöhe) und den Amplituden (Lautstärke) der Schallwellen mitschwingen.

Die Schallwellen, die, sobald sie auf feste Gegenstände treffen, in Schwingungen umgewandelt werden, gelangen weiter zu drei winzigen Knöchelchen, bekannt als Hammer, Amboss und Steigbügel. Diese wiederum leiten die Schwingungen zur Ohrschnecke (Cochlea), ein mit Flüssigkeit gefülltes, schneckenförmiges Organ, tief im Innern des Kopfes, auf der Höhe der Augen gelegen. Die empfindliche Schnecke verwandelt die körperlichen Schwingungen in elektrische Nervenimpulse und leitet diese Signale entlang den Hörnerven zum Gehirn. Im Gehirn werden die Signale geordnet und analysiert, mit dem Erinnerungsspeicher bekannter Töne verglichen und zugeordnet. Das meiste davon geschieht unbewusst. Klangmuster, die das Unbewusste für wichtig befindet, werden zur Aufmerksamkeit gebracht, das heisst, erst dann hören wir!

Das Hören des Ungeborenen

Schon innerhalb der ersten Wochen nach der Empfängnis entwickelt der Fötus im Mutterleib Ansatzformen der Ohren. Mit viereinhalb Monaten sind die Ohren voll ausgebildet und funktionsfähig. Deshalb kann ein Fötus schon nach der halben Entwicklungszeit im Mutterleib gut hören und reagiert auf Töne, besonders auf Musik. Entspannungsübungen mit Musik für die Mutter und ihr ungeborenes Kind und eine ruhige Hintergrundmusik zum Zeitpunkt der Geburt wirken beruhigend und hilfreich.

Wissenschaftliche Untersuchungen belegen, dass das Hören in den frühen Lebensmonaten von entscheidender Bedeutung ist. Wenn das Baby in den ersten Wochen nach der Geburt einen Ton wahrnimmt, besonders beim erstenmal, zeigt es rasche Augenbewegungen (REM, rapid eye movement). Es dreht den Kopf und versucht, den Standort der Klangquelle zu bestimmen. Schon zu diesem frühen Zeitpunkt werden Klangmuster im Erinnerungsspeicher des Gehirns angelegt, die der körperlichen und geistigen Koordination und der intellektuellen Entwicklung im späteren Leben dienen.

DIE NATUR DES KLANGES

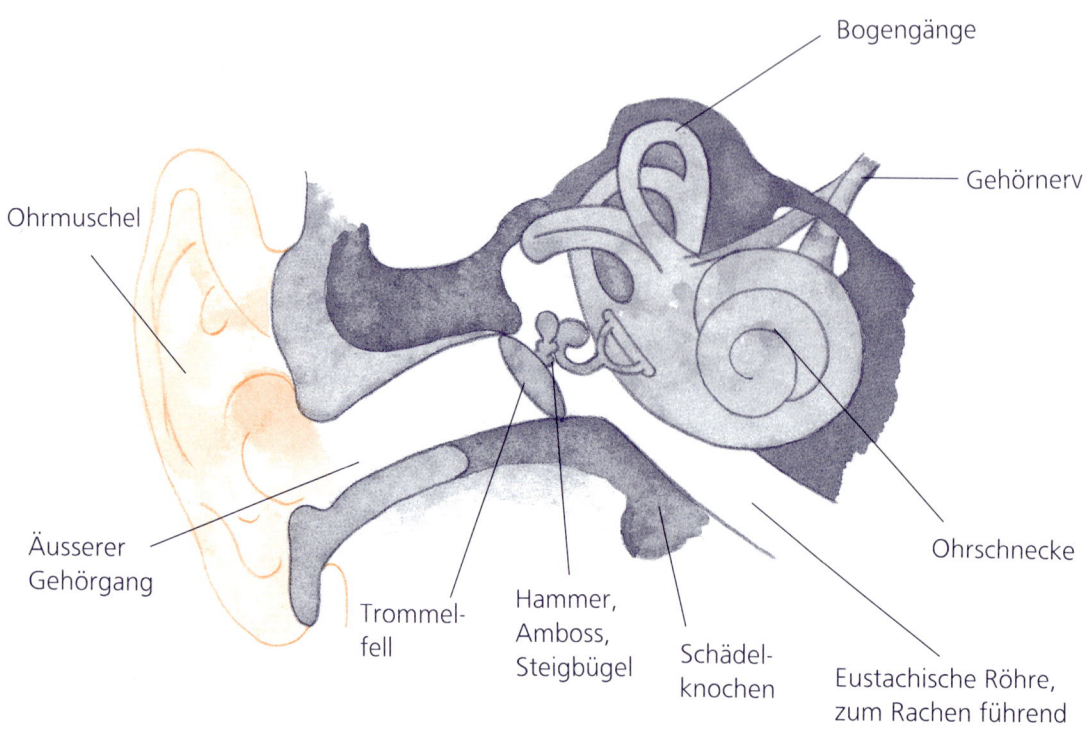

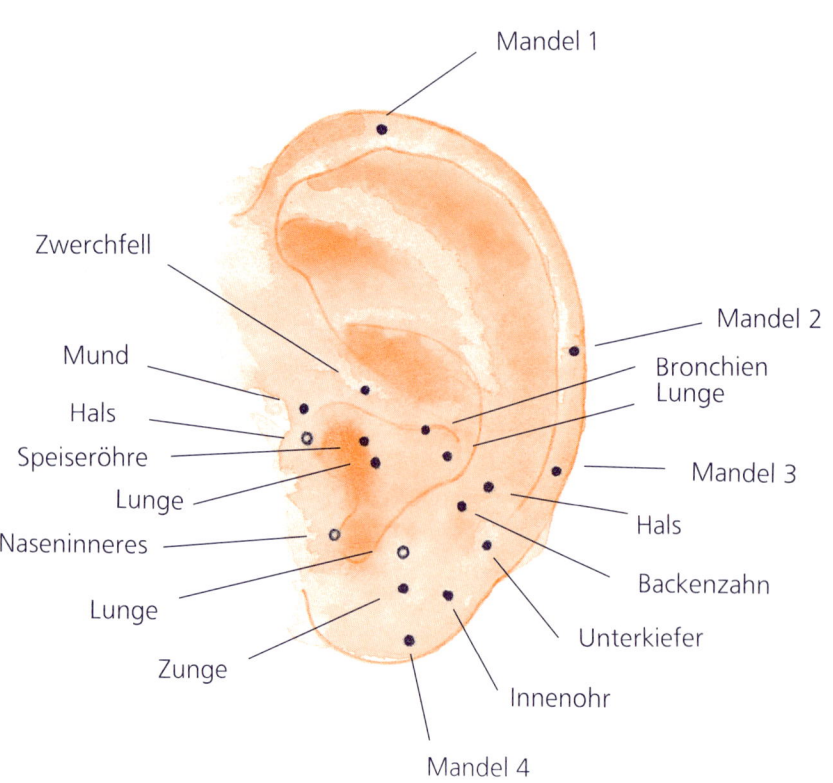

Das Aussenohr ist ein Trichter aus Knorpel und Haut, der Klänge zum Trommelfell leitet. Die Schnecke wandelt die Schwingungen in Nervensignale um und leitet diese zum Gehirn. In den Bogengängen wird das Gleichgewicht überwacht und aufrechterhalten.

In der Ohrtherapie (Auriculotherapie von der Bezeichnung der äusseren Ohrmuschel als Auriculus) werden mehr als 200 Punkte auf dem Ohr in Bezug zu den Teilen des Körpers gesetzt. Massage oder Akupunktur dieser Punkte kann helfen, Beschwerden im betreffenden Teil des Körpers zu lindern. Eine moderne Anwendung dieses Systems besteht in der Ultraschall-Stimulation dieser Ohrpunkte. Eine einfache Selbstmassage der Ohrläppchen kann helfen, die Hörfähigkeit zu verbessern, wenn das Gehör erschöpft oder unsicher scheint.

Die Frequenzschwellen des Ohres

Schallwellen können von äusserst unterschiedlicher Frequenz sein, von Bruchteilen eines Hz bis hin zu Millionen von Hz. Tiere, wie etwa Fledermäuse, Katzen, Hunde und Delphine, haben ein hoch entwickeltes Gehör, das eine Spanne von 200 000 Hz und mehr wahrnehmen kann. Demgegenüber spricht das menschliche Ohr nur auf eine begrenzte Bandbreite von Frequenzen an. Wenn wir von «Klang» sprechen, beziehen wir uns auf diesen eingeschränkten Frequenzbereich.

Die meisten Menschen können Töne, deren Frequenz weniger als 20 Hz beträgt, nicht mehr wahrnehmen; in seltenen Fällen liegt die Schwelle der Wahrnehmung bei 17 Hz. Tiefere Schwingungen können zwar vom Körper noch gefühlt, aber nicht mehr gehört werden. Aus diesem Grunde meint man manchmal bei Gewitterstürmen die Luft förmlich «beben» zu spüren. Töne, deren Frequenzen für unsere Wahrnehmung zu niedrig sind, werden als Infraschall bezeichnet. Ähnlich sind die meisten Menschen unfähig, Töne mit Frequenzen über 20 000 Hz wahrzunehmen. Anders als Erwachsene können Kinder im allgemeinen bis zu dieser Grenze hören, so etwa die extrem hohen Schreie des Schall-Radarsystems einer jagenden Fledermaus. Die Obergrenze sinkt gewöhnlich mit dem Alter bis auf 12 000 Hz oder im hohen Lebensalter noch tiefer. Töne, die so hoch sind, dass wir sie nicht mehr hören können, heissen Ultraschall.

Die Klänge, die wir hören können, sind nur ein kleiner Ausschnitt aus dem grossartigen Spektrum der Klangenergie, das uns ständig umgibt – Klänge, zu leise, zu tief oder zu hoch für das menschliche Ohr. Auch wenn das Ohr die Klänge dieses Spektrums nicht alle aufnehmen kann, so können es doch andere Teile des Körpers. Tatsächlich widerhallt der ganze Körper von den ihn umgebenden Klangenergien und verbindet sich auch mit anderen Formen der Schwingungsenergie. Wir können uns diese Energien zunutze machen, indem wir diese Verbindungen mit unhörbaren Tönen in der Klangtherapie gezielt beeinflussen und fördern (siehe Seite 82).

Klang und Universum

Das ganze Universum basiert auf dem Prinzip der Dualität. Hin und Her, Ausdehnung und Zusammenziehung, einwärts und auswärts gelenkte Kräfte, Auf und Ab, Energie und Materie – all dies sind Manifestationen der dualen Existenz. Die moderne Astro-

DIE NATUR DES KLANGES

physik spricht von «schwarzen» und «weissen Löchern» im intergalaktischen Raum, durch welche Materie fortwährend vernichtet und wieder neu erschaffen wird. Diese Polarität oder Dualität ist ein Urzustand der Existenz, der dem ganzen Kosmos eigen ist.

Auch der Klang ist durch diese grundlegende Dualität geprägt. Er besteht aus Molekularschwingungen, die polarisiert sind, aus gegenläufigen Bewegungen, Oszillationen, von Atomen, Molekülen und grösseren Objekten. Ziel der Klangtherapie ist es, Schwingungsenergien freizusetzen und zu übertragen, die dann im Zusammenspiel mit anderen dualen Prinzipien dem menschlichen Körper und Geist Förderung und Heilung bringen. Die Zweiteilung oder Polarität der Existenz findet im klassischen Symbol von Yin und Yang ihren sinnfälligen Ausdruck (Seite 119). Dabei ist besonders zu betonen, dass der Ausgangspunkt der jeweiligen Kraft in seinem Gegenstück liegt. Man sollte sich das Symbol nicht als etwas Statisches vorstellen, sondern in ständiger spiralförmiger Bewegung: Die Gegensätze verschmelzen fortwährend, trennen und vereinen sich wieder, in Kreisläufen von Kraft und Trägheit.

Klänge sehen

Schallwellen sind in der Luft unsichtbar. Die Arbeit von zwei Pionieren machte die zuvor unsichtbare Welt des Klanges sichtbar, so dass wir von seiner Form und Gestalt eine Vorstellung gewinnen können. Ernst Chladni, ein deutscher Physiker des 18. Jahrhunderts, demonstrierte die von Schallwellen erzeugten Muster, indem er eine mit Sandkörnern bestreute Platte mit dem Geigenbogen in Schwingung versetzte. Er zeigte, dass die Klangkraft ganz bestimmte Muster in den Sand formte. Diese wurden vor allem durch die Höhe des Tones bestimmt, obwohl auch Grösse und Dicke der oszillierenden Platte ebenso wie die Grösse der Sandkörner das Muster mitbestimmten. In den 60er Jahren erforschte der Schweizer Physiker, Arzt und Musiker Hans Jenny das Gebiet der Kymatik, der Wellenenergie. Seine fotografischen Darstellungen zeigten die Wirkungen, die Schallwellen hervorriefen, wenn sie durch Puder, Flüssigkeiten und halbfeste Substanzen, wie zum Beispiel Quecksilber, Glyzerin und andere, geleitet wurden: Die Wellenenergie erzeugte verschiedenartigste geometrische abstrakte und wirbelförmige Muster.

In vielen Fällen wurde die Musterbildung gestört und schliesslich sogar ganz chaotisch, wenn die Frequenz des Klanges erhöht

Sehen und Hören

Das Sehen ist unser wichtigster Sinn; es beansprucht etwa drei Fünftel der bewussten Aufmerksamkeit. Das Gehör kann jedoch eine weitaus grössere Bandbreite von Frequenzen aufnehmen als das Auge. Innerhalb des für uns überhaupt wahrnehmbaren Frequenzbereichs ist für das Auge erst ungefähr eine Verdoppelung der Lichtwellen-Frequenz wahrnehmbar. Auf einer solchen Verdoppelung der jeweils vorangehenden Frequenz beruhen sämtliche Farben des Farbspektrums von Rot bis Violett. Das Ohr kann ungefähr das Zehnfache an Frequenzen in Form von Klangwellen, die von sehr tiefen bis zu sehr hohen Tönen reichen, wahrnehmen.

Klang, Licht und die universelle Energie

Der menschliche Körper setzt sich aus Atomen zusammen, wie sie überall im Universum zu finden sind. Diese Atome gehören zu den chemischen Elementen wie Kohlenstoff, Wasserstoff, Sauerstoff, Calcium und Eisen. Ein Element wird durch die Schwingungsrate seiner Atome und durch die Kräfte, mit der diese auf andere Atome einwirken, definiert. Der menschliche Organismus kann deshalb als Manifestation von Schwingungszuständen betrachtet werden – in gewissem Sinne eine Ansammlung von Materie, Klang und Licht.

---

wurde. Bei weiterem Ansteigen der Frequenz entstanden neue Muster mit einer dem entsprechenden Frequenzbereich eigenen neuen symmetrischen Anordnung. Einige Klänge erzeugten also harmonische Bilder, während andere in ihrer bildhaften Darstellung chaotisch und ungeordnet wirkten. Der entscheidende Punkt der Arbeiten von Chladni und Jenny liegt darin, dass sie die Ähnlichkeiten zwischen den Mustern und Formen der Natur und jenen der Klänge sichtbar machten.

Musik und Proportion

Die mathematischen Verhältnisse und Beziehungen von Musiktönen, Tonleitern, Oktaven und Harmonieschritten sind keine isolierte Erscheinung. Sie treten überall in der Natur in vielfältigen Formen auf, wie die zwei folgenden Beispiele zeigen.

Das Intervall der Quinte ist von besonderer Bedeutung. Sie hat die nach dem Grundton nächstkürzere Wellenlänge. So könnte sie als das erste «Kind» in der Reihe der Harmonieschritte bezeichnet werden. Die Quinte ist weltweit in allen musikalischen Systemen von grundlegender Bedeutung und war dies schon Tausende von Jahren bevor die klassischen Mathematiker wie zum Beispiel Pythagoras diese Proportionen und Verhältnismässigkeiten in Zahlenbegriffen auszudrücken begannen. Mit der Entwicklung der Geometrie im Altertum konnten endlich die Proportionen der wichtigsten Musikintervalle in den regelmässigen geometrischen Formen der platonischen Körper sichtbar gemacht werden (siehe Seite 32).

Das zweite Beispiel ist das Intervall der grossen Sexte, in welcher die Tonfrequenzen im Verhältnis von 8:5 zueinander stehen. Komponisten verwenden die grosse Sexte gern, weil sie die Musik positiv und fortschrittlich klingen lässt. Zum Beispiel stellt Mozart in seiner Oper «Die Zauberflöte» die zu einem «höheren Selbst» strebende Figur des Tamino mit auf der Sexte basierenden Melodien vor. Dem gegenüber steht das Intervall der Quinte, das Papageno, dem «irdischen Menschen» vorbehalten bleibt. Das Intervall der grossen Sexte ist ein kraftvoller Heilklang.

Das Verhältnis der Sexte hat auch im visuellen Bereich seine Parallele. Es ist Künstlern und Architekten als der Goldene Schnitt bekannt. Auf ein Rechteck bezogen, bedeutet dies, dass die Breite sich zur Länge ebenso verhält wie die Länge zur Summe der beiden. Algebraisch lässt sich das Verhältnis ausdrücken als $a:b = b:c$, was soviel heisst wie, das Kleinere verhält sich zum Grösseren

DIE NATUR DES KLANGES

wie das Grössere zum Ganzen. Der Mensch empfindet dieses Verhältnis als angenehm und harmonisch. Es fand in vielen Gemälden, Skulpturen und anderen Kunstwerken ebenso wie in Bauwerken bis zurück zu den Pyramiden des alten Ägypten Anwendung.

Das Verhältnis der grossen Sexte liegt auch der als Fibonacci-Reihe bekannten Anordnung von Zahlen zugrunde. Sie ist benannt nach ihrem Entdecker, Leonardo Fibonacci, einem italienischen Mathematiker des 13. Jahrhunderts. Jede Zahl dieser Reihe ist gleich der Summe der beiden vorangehenden: 1, 1, 2, 3, 5, 8, 13, 21, 34, 55... Diese Zahlenreihe ist von grosser Bedeutung in scheinbar völlig unterschiedlichen Gebieten, von der Geometrie und Genetik bis zu natürlichen Wachstumsformen von Pflanzen und Schneckenhäusern ebenso wie in Kunst, Architektur und Musik. Sie liegt der Anordnung der Töne auf der bekannten chromatischen Tonleiter der Zwölftonmusik mit ihren Halbtonschritten zugrunde ebenso wie dem seit frühester Zeit in der Volksmusik beliebten fünfstufigen Tonsystem (Pentatonik; auf dem Klavier die schwarzen Tasten) und dem klassischen siebenstufigen Tonsystem (Diatonik).

Die proportionalen Beziehungen der Musiknoten lassen sich in den geometrischen Formen der platonischen Körper abbilden. Das Intervall der Quinte (Verhältnis 2:3), das für die Musiksysteme der ganzen Welt von Bedeutung ist, taucht neben anderen Gesetzmässigkeiten in jeder der Formen auf.

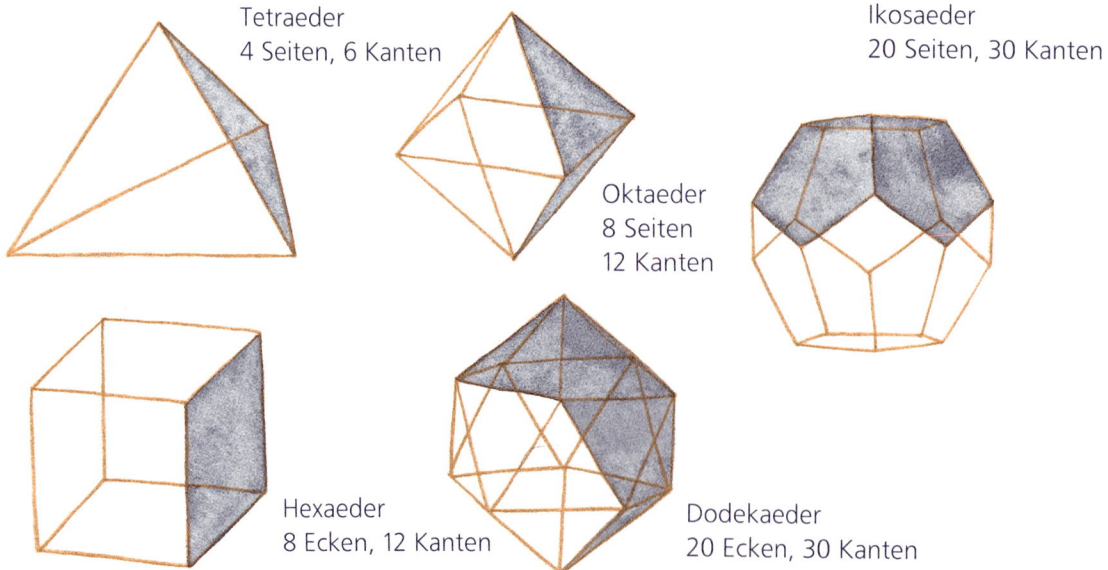

Ein Hof des Alhambra-Palastes in Granada, Spanien. In diesem aussergewöhnlichem Beispiel maurischer Architektur beruhen die Proportionen der schlanken Säulen und zahlreichen Bögen auf den klassischen Gesetzmässigkeiten, die in Kunst, Natur und Musik gelten.

Musik und Architektur

Musik ist vergänglich und an den Augenblick gebunden. Architektur ist räumlich und wurde auch schon als «gefrorene Musik» bezeichnet. Musik und Architektur stellen etwas Absolutes dar. Sie sind beide das Ergebnis von Verhältnismässigkeiten, die sich in Zahlen ausdrücken lassen. Grossartige Formgebungen und Konstruktionen sind «musikalisch» in dem Sinne, dass sich sowohl Architektur als auch Musik auf die gleichen Gesetzmässigkeiten, wie die grosse Sexte oder den Goldenen Schnitt, beziehen, die in

DIE NATUR DES KLANGES

der Natur und in der vom Menschen geschaffenen Welt Gültigkeit besitzen.

In der Renaissance entwickelten sich Arithmetik, Geometrie und Astronomie zu den Grundlagen der bildenden Künste. Die Musik galt als die höchste Disziplin und als die Essenz aller Dinge. Zentren der Wissenschaft und Forschung, wie um den Grafen Bardi in Florenz, widmeten sich mit Eifer und Hingabe der Erkenntnis, der künstlerischen Perfektion und der moralischen Vervollkommnung. Die Musik als höchste der Künste bildete, aufbauend auf einer universellen Ordnung, die philosophische, geistige Grundlage der bildenden Künste.

Die Musik der Schöpfung und die menschliche Form

Proportionen wie der Goldene Schnitt stehen für Gesetzmässigkeiten, die in der Geometrie und Mathematik, Kunst und Architektur, Klang und Musik und ebenso im menschlichen Körper vorkommen. Wenn wir den ganzen Körper zur Grundlage nehmen, gibt es, wie die gegenüberliegende Zeichnung zeigt, viele Proportionen zu entdecken. Beim Kopf etwa entspricht der Abstand vom Kinn zur Augenbraue dem Intervall der Quinte. Die Verjüngung der Gliedmassen illustriert das Gesetz der rhythmischen Abnahme, deutlich sichtbar in den Proportionen der Hand, und das Ballen der Faust in einer natürlichen Spirale kann als lebende Verkörperung der Fibonacci-Reihe gesehen werden.

Klang und Musik drücken also kosmische Gesetzmässigkeiten aus. Sie eröffnen einen Weg, der von der sinnlichen zur geistigen Welt führt. Die Gesetze, denen Klang und Musik gehorchen, sind seit Anbeginn des Lebens auch in der natürlichen Welt verkörpert. Die Zellen von Pflanzen und Tieren sind gemäss den platonischen Körpern angeordnet; Bienen schaffen Waben von perfekter sechseckiger Form; Schnecken, Muscheln und andere Schaltiere zeigen in den Spiralformen ihrer Schalen dieselben harmonischen Proportionen; selbst mikroskopisch kleine Einzeller weisen geometrische Symmetrien gleich einem geschliffenen Diamanten auf.

Auch der menschliche Körper ist durch diese gesetzmässigen Verhältnisse und Proportionen geprägt. Er bildet einen «Klangkörper», auf den der heilende Klang, in entsprechender Tonhöhe, Lautstärke, Resonanz und Harmonie, einwirken kann. Wir sind Teil der einzigartigen und alles bestimmenden Geometrie unseres Planeten. Wir sind ein Teil der Musik der Schöpfung und sprechen auf sie an.

«Lauschen Sie der Musik.
Verwandeln Sie die Klänge in Ihrer schöpferischen Vorstellung in Formen und Farben,
tanzend und lebendig,
ein Kaleidoskop von Energie und Schönheit.
Betrachten Sie einen Baum.
Verwandeln Sie die Bilder in Ihrer schöpferischen Vorstellung in Rhythmen und Melodien,
frei und singend,
eine lebendige Harmonie von Energie und Freude.»

Besinnliches Hören

Körper- und Gesichtsproportionen spiegeln die universellen Gesetze von Verhältnis und Harmonie und zeigen damit den Menschen als Teil der Natur. Mit der Gesamtkörpergrösse als «Grundton» entsprechen die Hauptmasse den Beziehungen zwischen den musikalischen Intervallen.

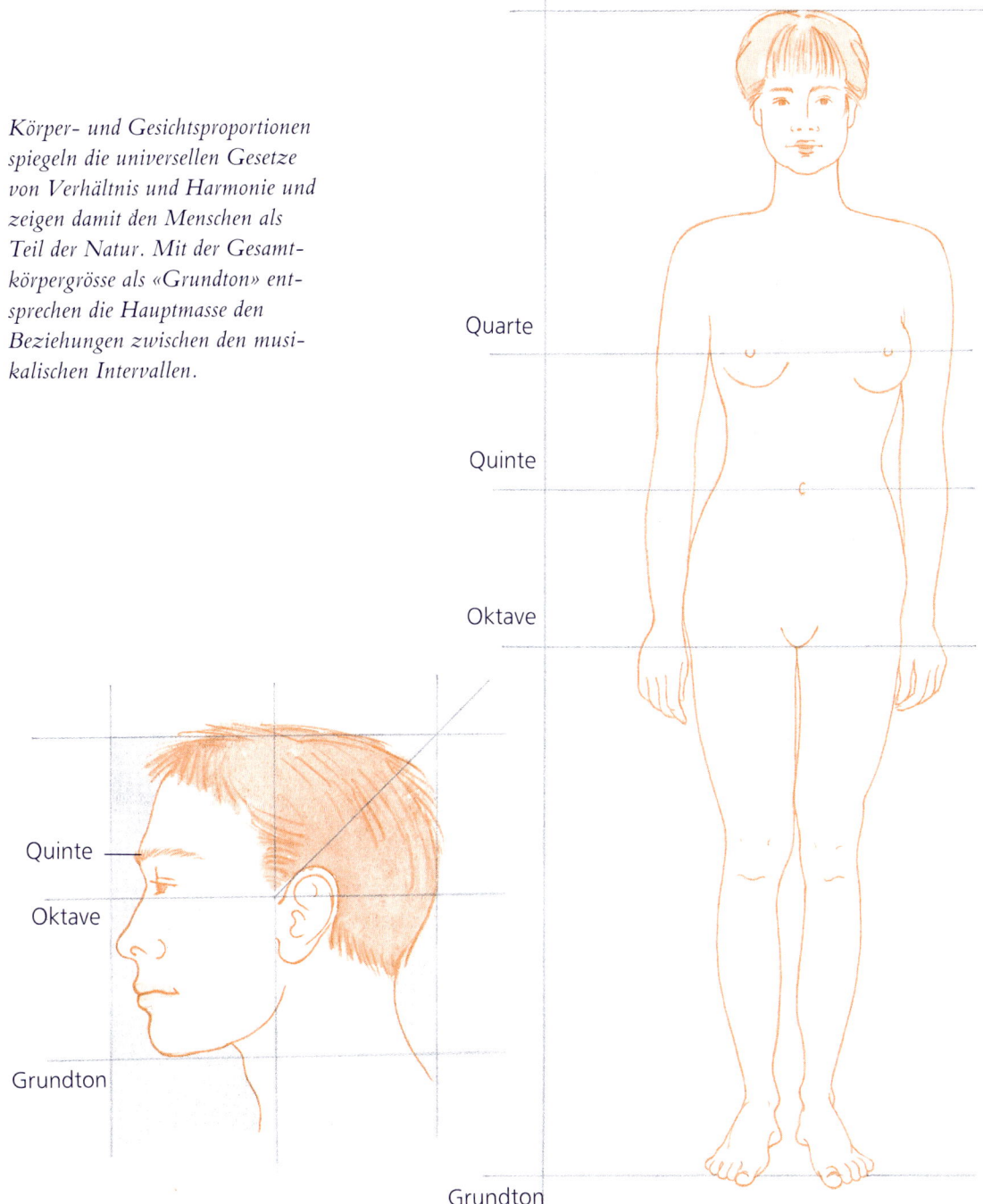

DIE STIMME

«Da blies Gott ihm den Odem des Lebens in seine Nase, und so ward der Mensch ein lebendiges Wesen.»

Genesis

Der Körper erzeugt alle möglichen Geräusche, vom Händeklatschen über Fussstampfen, Zähneknirschen bis zu Verdauungsgeräuschen. Aber diese Geräusche sind nur von geringer Bedeutung im Vergleich zur Stimme – den Tönen, die mit den Stimmbändern im Kehlkopf erzeugt werden. Dies liegt daran, dass die Stimme zugleich ein Ausdruck des geistigen, emotionalen und physischen Zustands des Menschen ist: sie ist in der Tat ein Spiegel der Seele. In derselben Weise, wie die Seele die Persönlichkeit des Einzelnen mit der spirituellen Einheit des Ganzen verbindet, verbindet die Stimme kleinste Wellen oder Teilchen von Energie mit der Energie des Universums.

Dieses Kapitel erklärt, wie die Stimme funktioniert und wie sie beeinflusst werden kann. Es zeigt, welche positiven Wirkungen die Entdeckung und Befreiung der Stimme auf die körperliche Gesundheit, das geistige und emotionale Befinden, das Auftreten, die Selbstsicherheit und die Kommunikation haben kann. Sich mit der Stimme zu befassen ist die Voraussetzung für gutes Hören und zugleich auch ein wirksamer Weg zur Selbsterkenntnis. Durch aufmerksames Zuhören kann man lernen, in der Stimme von anderen die unausgesprochene Bedeutung hinter den Worten herauszuspüren. Die Art, wie man die Stimme gebraucht, gibt wichtige Aufschlüsse über das ganze Wesen des Menschen. Sie zeigt, wie die Energien, Gefühle, Gedanken und Intuitionen zusammenwirken, um den individuellen Stimmklang hervorzubringen. Dieser Stimmklang reagiert auf äussere Einflüsse wie auch auf innere Gefühle, und er entwickelt sich im Laufe der Zeit mit zunehmender Reife und Erfahrung. Die Stimme kann daher sowohl diagnostisch wie auch auch therapeutisch (siehe Seite 105) eingesetzt werden.

Die Grundlage der Stimme ist der Atem. Der erste Teil dieses Kapitels beschreibt daher die Mechanismen des Atmens und der Stimmbildung, einschliesslich einiger grundlegender Stimm- und Atemübungen. Die Übungen zeigen in einfacher Weise, wie Sie den Gebrauch der Stimme und Ihre Atemtechnik erweitern können. Sie machen zugleich bewusst, welche Teile des Körpers am Atmen und der Formung der Stimme beteiligt sind. Die Übungen können, für sich genommen, der Meditation und Entspannung dienen; zugleich bilden sie auch eine Vorbereitung auf die umfangreicheren Übungen in späteren Kapiteln (siehe Seite 94, 106 und 108).

Die Kraft einer gut geschulten Stimme kann ein Publikum zu ekstatischen Höhen und in Tiefen der Verzweiflung treiben. Auch wenn in einer fremden Sprache gesungen wird, kommen Gefühl und Aussage in einer geschulten Stimme voll zum Tragen.

DIE STIMME

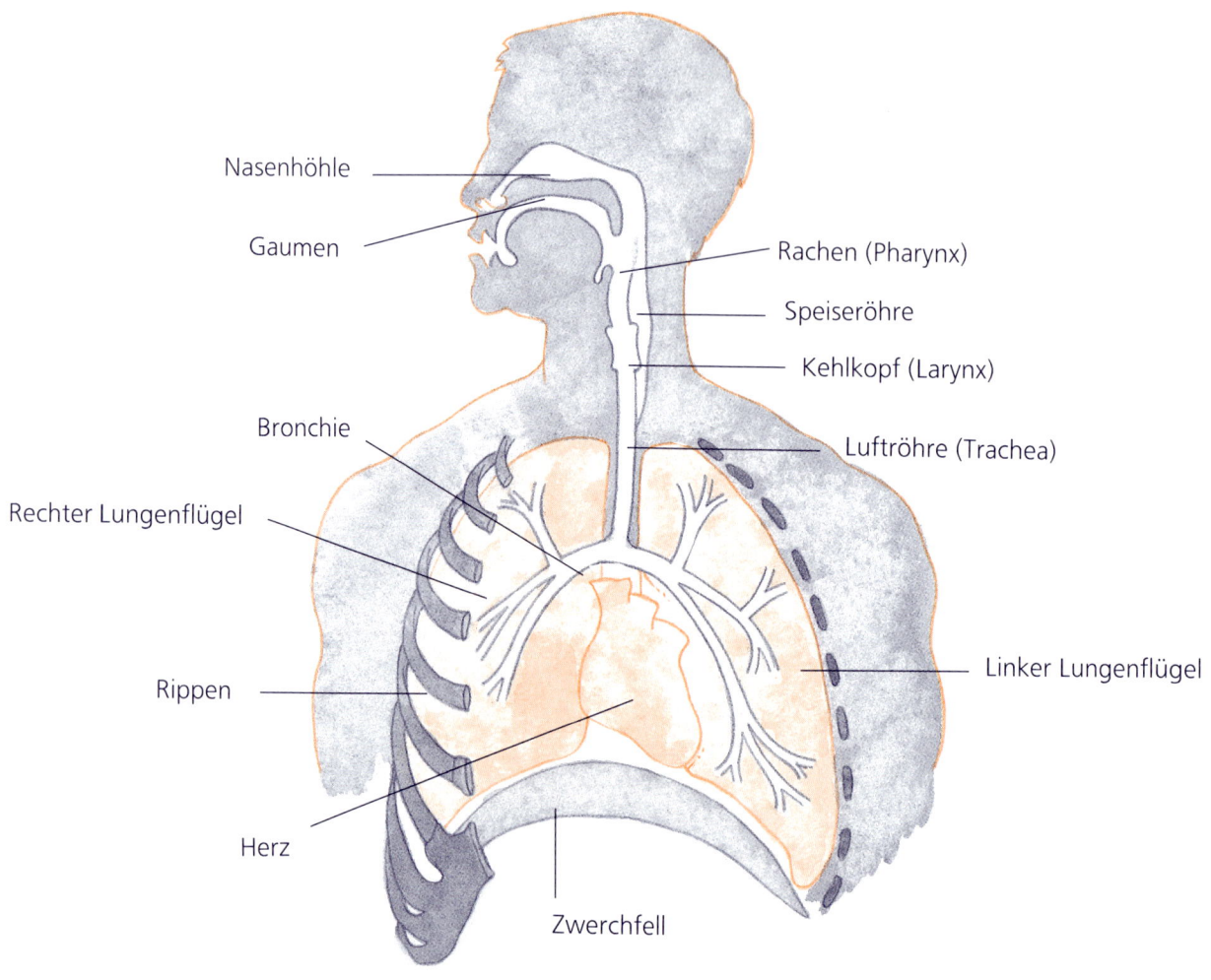

Der Mechanismus der Atmung

Alle 4 bis 5 Sekunden zieht die Lunge frische, sauerstoffhaltige Luft ein und stösst das Endprodukt des Stoffwechsels, Kohlendioxid, aus. Dieser lebenswichtige Atemreflex funktioniert fortwährend, ob man sich dessen bewusst ist oder nicht, ob man arbeitet, ruht oder schläft. Es ist die grundlegendste Funktion des Körpers, ohne sie würden wir ersticken und sterben.

Zu den Atemorganen zählen Nase und Mund, Rachen, Luftröhre (Trachea), die unteren Luftwege (Bronchien und Bronchiolen) und die Lungen. Die Atemmuskulatur schliesst die Brust- und Schultermuskeln mit ein, und ganz speziell das Zwerchfell, eine grosse Muskelfläche am unteren Ende des Brustkorbs. Das Zwerchfell bildet die Trennung zwischen Brust- und Bauchhöhle.

Beim Einatmen wird – insbesondere durch die Bewegung des Zwerchfells – der Brustraum erweitert, die Lungen dehnen sich

Der Brustkorb enthält die beiden Lungenflügel und, von ihnen umschlossen, das Herz. Diese Organe sind schützend umgeben von den gebogenen, beweglichen Rippen, die sich bei jedem Atemzug heben und senken.

aus und ziehen Luft durch Nase, Mund und durch die Luftröhre ein. Wenn sich Brustmuskulatur und Zwerchfell entspannen, werden die Lungen wieder zusammengepresst: die Atemluft wird ausgestossen. Das Ausatmen und damit auch Sprechen und Singen beruhen somit auf einem passiven, nichtmuskulären Vorgang, dem natürlichen Schrumpfen des Lungenvolumens.

Tonerzeugung mit der Stimme

Bei jedem Musikinstrument sind drei Faktoren für die Tonerzeugung verantwortlich: die Erregungs- oder Energiequelle, der Schwingungskörper, der Ton und Tonhöhe bestimmt, und der Klangkörper, der dem Ton seine Qualität gibt. Bei der Gitarre zum Beispiel sind dies der zupfende Finger, die Saite und der Gitarrenkörper. Auch die Stimme kann in diesem Sinne ein Musikinstrument von grosser Ausdruckskraft und Anpassungsfähigkeit sein. Der Erreger des Klangs ist hier die Luft aus den Lungen, als Schwingungskörper wirken die Stimmbänder im Kehlkopf und den Klangkörper bilden die Hohlräume von Rachen, Mund, Nase und Stirnhöhlen.

Entsprechend verläuft auch die stimmliche Äusserung in drei Schritten: das Erzeugen des Tones, die Resonanz oder harmonische Verstärkung des Tones und die Artikulation, das Formen und Wiedergeben der Töne in Form von Wörtern.

Wenn Sie die Stimmübungen aus diesem Buch ausführen, machen Sie sich die Schritte der Tonerzeugung, -resonanz und -artikulation immer körperlich bewusst. Spüren Sie, wie sie in Ihnen stattfinden, und vor allem hören Sie sich selbst dabei zu. Sich selbst zuhören spielt eine wichtige Rolle bei der Stimmbildung. Bedenken Sie, es ist der ganze Mensch, der spricht und singt.

Die Stimmbänder

Die Stimmbänder sind zwei glänzende, weiss schimmernde Vorsprünge an den Innenseiten des Kehlkopfes. Sie schwingen nicht frei wie eine Violinsaite. Genau genommen müssten sie als Stimmfalten bezeichnet werden, denn sie sind eigentlich bandartige Erhebungen an der Kehlkopfwand. Beim stillen Atmen bilden sie die beiden langen Seiten einer dreieckigen Öffnung, der Stimmritze, durch welche die Atemluft zu den Lungen gelangt.

Beim Sprechen üben die Muskeln an den Innenseiten des Kehlkopfes einen Zug auf die Stimmbänder aus, so dass diese sich fast

---

Die Stimme und das geistige Ohr

Beim Formen von Lauten im Kehlkopf trifft Atem auf die Stimmbänder. Dies kann mit mehr oder weniger Druck geschehen. Die Stimmbänder sind jedoch lebendes Gewebe und sollten trotz ihrer Kraft und Langlebigkeit mit Sorgfalt und Schonung behandelt werden. Schreien und lauthalses Singen sind Extreme, die zu vermeiden sind, weil sie den ganzen Körper in Spannung versetzen. Benützen Sie auch hier Ihre schöpferische Vorstellung! So wie Sie ein geistiges Auge haben, haben Sie auch ein geistiges Ohr. Hören Sie den Ton zuerst im Geiste an, bevor Sie ihn freisetzen. Dies sollte Ihrem Stimmapparat die richtige Botschaft vermitteln, so dass Sie dann auch genau das sagen und es so sagen, wie Sie es meinen.

DIE STIMME

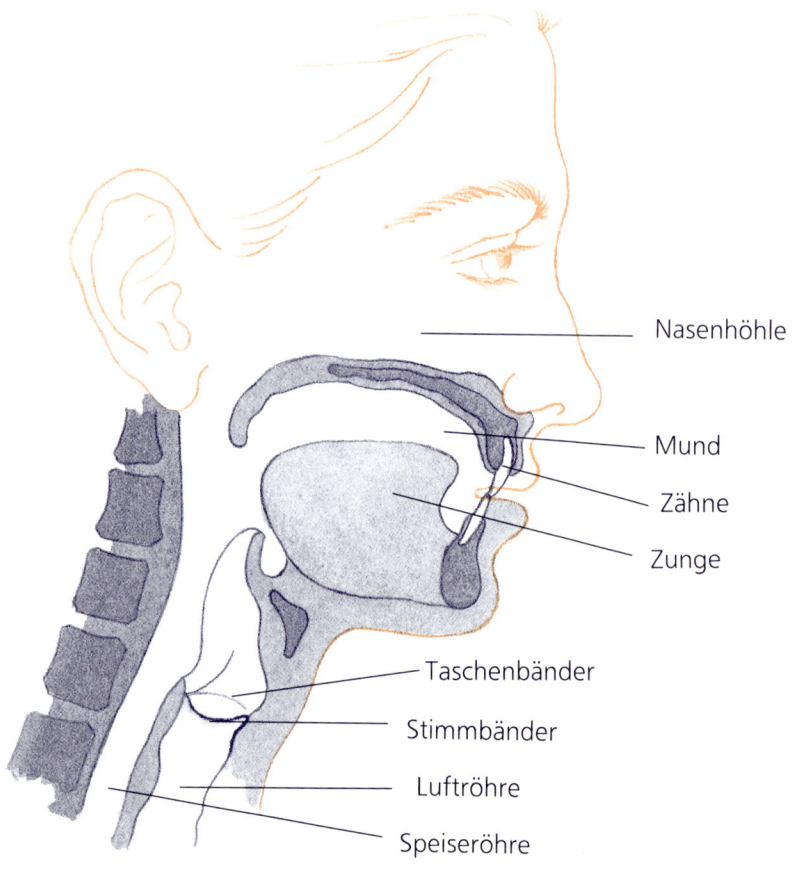

berühren, die Stimmritze sich beinahe schliesst. Durch diesen engen Spalt muss nun die Luft hindurchdringen. Dadurch werden die Stimmbänder in Schwingung versetzt. Oberhalb der Stimmbänder befindet sich ein zweites Paar von Falten, die Taschenbänder. Gemeinsam bilden sie das Gewölbe der Kehlkopfhöhle, in der durch den Atemdruck die Töne entstehen. Um hohe Töne hervorzubringen, ziehen die Kehlkopfmuskeln die Bänder straffer und länger. So schwingen sie in einer höheren Frequenz, ähnlich einer Gitarrensaite, die höher klingt, wenn sie am Stimmwirbel fester angespannt wird.

Eine grössere Lautstärke der Stimme wird dadurch erreicht, dass Geschwindigkeit und Druck der aus der Lunge kommenden Luft erhöht werden. Versuchen Sie einmal, einen langen Satz oder ein Gedicht erst zu flüstern und danach auf laute, dramatische Weise zu deklamieren. Sie werden merken, wie schnell Sie das letztere ausser Atem bringt.

Die Stimmbänder liegen im Kehlkopf am Übergang vom Rachen zur Luftröhre. Ein kompliziertes System von Muskeln verändert die Spannung der Stimmbänder. Dadurch wird die Schwingungsrate und die Tonhöhe der Stimme beeinflusst.

Ein Chladnibild der menschlichen Stimme, angefertigt von Hans Jenny (siehe Seite 30). Eine dünne Metallplatte von einem Durchmesser von fast eineinhalb Metern wurde durch das Singen des Lautes «aaa» in Schwingung versetzt. Dadurch ordneten sich die darauf ausgestreuten Sandkörner zu dem abgebildeten Muster.

Übungen zur Stimmerforschung

Beim normalen Sprechen werden die Länge der Stimmbänder und der durchfliessende Luftstrom durch kleinste Muskelbewegungen in Kehlkopf, Hals, Brust und Bauchhöhle eingestellt. Die ganze Variationsbreite der menschlichen Stimme wird durch winzige Veränderungen der Muskelspannung und Muskelkontrolle erzielt. Jedoch geschehen Atmung und stimmliche Äusserungen nicht einfach nur durch die Bewegung von Muskeln durch Nervenimpulse, sie bedürfen auch der bewussten Wahrnehmung und Kon-

trolle auf verschiedenen Ebenen. Daher kann die Stimme auch innere Energien und Spannungen spiegeln.

Die Absicht dieses Buches ist nicht, Sie singen zu lehren. Bücher zum Thema von Stimmbildung und Gesangstechnik vertreten die unterschiedlichsten, oft widersprüchlichen Behauptungen. Keine der verschiedenen Theorien enthält die ganze Wahrheit, doch die meisten von ihnen bieten gewisse wertvolle Ansätze. Nach sorgfältiger Prüfung mag sich die eine oder andere Technik

---

Entspannungsübungen

Befreien Sie sich für die Durchführung dieser Übungen von störenden, belastenden Einflüssen und Druck. Sorgen Sie für eine Ihnen angenehme Umgebung und Temperatur. Der Ort sollte so ruhig sein, dass Sie die Laute Ihrer eigenen Atmung und Stimme hören können, und so abgelegen oder abgeschlossen, dass Sie der Stimme freien und ungehemmten Lauf lassen können.

Im Liegen Legen Sie sich auf den Rücken. Um es sich bequemer zu machen, können Sie eine dünne Matte und für den Kopf ein Kissen verwenden. Fühlen Sie, wie der Boden der Wirbelsäule sicheren Halt gibt. Achten Sie auf den natürlichen Rhythmus Ihres Atems, indem Sie die Bewegungen von Brust und Bauch beobachten und aufmerksam den Tönen lauschen, die von innen kommen. Beobachten Sie nur und hören Sie auf die Körperaktivitäten. Keine Einflussnahme, keine Kontrolle – nur das Atmen und die Wahrnehmung des Atmens.

Im Stehen Stehen Sie aufrecht, die Füsse etwa schulterbreit auseinander. Werden Sie sich des Gewichtes bewusst, das auf dem Becken und den Hüftknochen ruht. Neigen Sie das Becken leicht nach hinten und unten, indem Sie das Steissbein einziehen. Heben Sie den Oberkörper vom Becken ab und so Ihren Brustkorb an. Stellen Sie sich unter jeder Achsel einen Wasserball vor, und fühlen Sie, wie Ihnen dies mehr Raum zum Atmen bietet. Hals und Nacken sollten lang gestreckt und frei sein. Halten Sie diese Stellung etwa eine Minute lang. Geniessen Sie die Dehnung der Wirbelsäule, den zusätzlichen Atemraum und das Gefühl des Gleichgewichts von Ruhe und Wachheit. Verbunden mit der Erde, strecken Sie sich der Sonne entgegen wie ein fest verwurzelter Baum.

Vertrauen Sie Ihrem natürlichen Körperempfinden

Wenn Sie mit den in diesem Buch beschriebenen Übungen beginnen, mögen sie Ihnen vielleicht fremd und eigentümlich vorkommen und eines grossen, bewussten Aufwandes bedürfen. Machen Sie dennoch weiter! Schon bald sollten die Übungen leicht und selbstverständlich werden, sowie sie dem natürlichen Körperempfinden vertraut geworden sind und nicht mehr durch den Verstand geleitet werden. Schliesslich werden die Übungen so natürlich wie das Atmen selbst. Wenn Sie sich des Übens zu sehr bewusst sind, hat dies eher einen störenden Einfluss. Denken Sie nur an die Geschichte vom glücklichen Tausendfüssler, den ein vorwitziger Frosch fragte, welcher seiner Füsse nach welchem drankäme. Dies verwirrte den armen Tausendfüssler so sehr, dass er noch Stunden danach am Wegrand lag und darüber nachgrübelte, wie er denn eigentlich laufe.

sehr wohl für Sie als hilfreich erweisen. Dies ist unschwer an der beim Singen empfundenen Leichtigkeit und Freiheit und der entsprechenden positiven Wirkung auf die Zuhörer zu erkennen.

Dies gilt für alle Stile und Formen stimmlicher Äusserung, gleich welcher ethnischen oder kulturellen Zugehörigkeit. Wie schon Buddha lehrte: «Deine Erlösung kannst Du nur durch eigenen Fleiss erwerben.» Betrachten Sie die Erforschung Ihrer Stimme als Pfad zur Erfüllung und Freude; fest in Ihrem Innern ruhend, öffnen Sie sich neuen Wahrnehmungen und der Bereitschaft, aus jeder Erfahrung zu lernen.

Denken Sie daran, dass der ganze Körper Ihr Instrument ist. «Erzwungene» Resonanz wirkt auf das Schwingungsorgan zurück und schränkt Ton und Tonhöhe ein. Beim Singen bedeutet dies, dass unnatürliches Forcieren der Stimme sich ungünstig auf die Stimmbänder auswirkt und eine genaue Kontrolle der Tonhöhe und der Lautstärke verunmöglicht. Ausserdem wirkt es ermüdend.

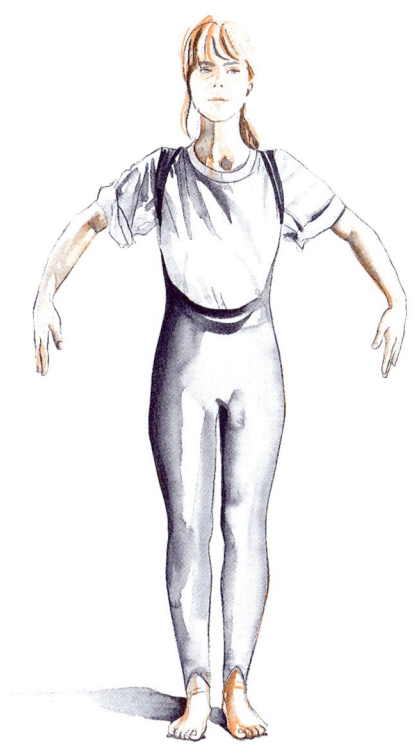

Als Teil der Entspannungsübung im Stehen (linke Seite) stellen Sie sich vor, Sie halten einen Wasserball unter jedem Arm. Dies regt dazu an, die Schultern zu dehnen und die Achseln zu öffnen, wodurch der Brustraum für tieferes Atmen ausgeweitet wird.

DIE STIMME

Die Entspannungsübungen helfen körperliche und seelische Anspannung zu lösen; dies ist eine unabdingbare Voraussetzung für die Entwicklung der stimmlichen Fähigkeiten und der therapeutischen Möglichkeiten der Stimme.

Grundlagen des Atmens

Es gibt viele verschiedene Formen von Atemübungen. Lassen Sie sich durch die Vielzahl technischer Begriffe, die widerstreitenden Meinungen und gegensätzlichen Praktiken nicht abschrecken. Denken Sie daran, es gibt nur zwei Arten des Atmens: Einatmen und Ausatmen.

Was «richtig» ist, bestimmen die Bedürfnisse des Augenblicks. Die natürliche Funktion des Atmens an sich bedarf keiner Verbesserung. Die Übungen in diesem Buch zielen darauf ab, die Atmung von Spannungen, Einschränkungen und schlechten Gewohnheiten zu befreien. Training ist eine Sache des Bewusstseins, die jedoch ins Unbewusste ausstrahlt. Atemkontrolle bedeutet nicht die Manipulation von Nerven und Muskeln, sondern bewusstes Wachstum.

Dynamische Übungen

Die dynamischen Übungen verbinden Bewegung und Atemkontrolle. Konzentrieren Sie sich auf das Fühlen innerer Energie, und arbeiten Sie sich durch die verschiedenen Bewusstseinsebenen Ihres Körpers. Starke negative emotionale Zustände, wie Aggression, Ärger und Nervosität, lassen bei vielen Menschen beim Ausatmen nach. Deshalb konzentrieren Sie sich in Zeiten von Stress oder starker Beanspruchung auf das Ausatmen.

Lächeln Lächeln Sie die Welt an! Schütteln Sie nacheinander mit jeweils einigen Sekunden Entspannung dazwischen Hände, Arme, Beine und Füsse heftig aus. Lächeln Sie dabei weiter!

Gleichgewicht Gleichgewicht ist wichtig. Versuchen Sie die alte Haltungsübung: Gehen Sie, drehen Sie sich und wippen Sie, Bücher auf dem Kopf balancierend. Atmen Sie langsam und bewusst, im Einklang mit Ihren Körperbewegungen. Dies unterstützt eine sanfte Muskelkoordination. Anmut bedeutet nicht Affektiertheit, sondern eine Art, das Leben zu lieben.

*«Die Kräfte des Lebens in uns.
Feuer in unserer Wärme und Energie,
Luft in unserem Atmen und Denken,
Wasser in unseren Flüssigkeiten und Gefühlen,
Erde in unserer Substanz und Festigkeit,
Dies sind die Lebenskräfte – sie verändern und wandeln sich, nehmen zu und ab.
Die Freude am Leben gibt uns Kraft, sie verbindet uns mit Makrokosmos und Mikrokosmos.»*

Östliche Weisheit

Die Atembewegungen geschehen unwillkürlich, jedoch können sie innerhalb gewisser Grenzen durch bewusste Einwirkung beeinflusst werden. Die Atmung ist zuverlässig und beständig, ganz gleich ob man wach ist oder schläft. Das Atmen steht in Beziehung zur Biosphäre des Planeten. Es ist ein Prozess, den wir gleichermassen mit anderem tierischem Leben teilen. Die Übung des «vollständigen Atems», die auf den folgenden Seiten beschrieben wird, ist ein ausgezeichnetes Mittel zur Entspannung und Meditation und ebenso eine wunderbare Vorbereitung für das Singen.

Alltägliche Stimmübungen

Für die meisten Leute ist Musik nicht Arbeit, sondern Spiel. Wenn Sie sich mit dem Instrument Ihrer Stimme befassen, tun Sie dies im Sinne von Spiel und Spass.

Übung zur Befreiung der Stimme

Manche Menschen meinen, sie seien unfähig, ihrer Stimme eine gewisse Leichtigkeit und Freiheit zu geben. Sie spüren wohl, dass ihre natürliche Stimme in irgendeiner Weise blockiert, gefangen oder unterdrückt ist. Zur Befreiung der Stimme dient folgende Übung.
Setzen Sie sich auf den Boden und versuchen Sie sich so klein wie möglich zu machen, indem Sie Arme und Beine eng an den Körper ziehen. Schliessen Sie die Atem- und Stimmorgane sozusagen im Inneren dieses Bündels ein. Atmen Sie noch einmal aus, um sich nochmals kleiner zu machen. Bleiben Sie für einen Augenblick in dieser Stellung. Dann atmen Sie in einer schnellen und kräftigen Bewegung ein und strecken sich gleichzeitig aus. Lassen Sie die Stimme in einem kräftigen «Uhhh» auf dem tiefsten Ton, den Sie in Ihrem Innersten finden können, herausströmen. Dehnen und strecken Sie sich genüsslich bis zum Äussersten. Ruhen Sie einen Moment aus, und wiederholen Sie dann diese Übung bis zu zehnmal. Versuchen Sie jedesmal noch tiefer nach innen zu gelangen und die befreite Stimme noch stärker und weiter hinauszuschicken. Der ganze Körper ist in die Tonerzeugung miteinbezogen, ganz besonders das Becken und das Zwerchfell.

DIE STIMME

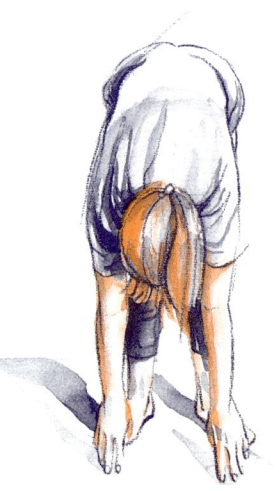

Der vollständige Atem

1 Stehen Sie bequem, die Füsse schulterbreit auseinander, Arme und Hände locker an der Seite. Nehmen Sie Ihre Haltung bewusst wahr. Atmen Sie so weit wie möglich aus, dann atmen Sie ein und entspannen Sie sich. Beim Ausatmen beugen Sie sich von der Hüfte aus so weit wie möglich nach unten (links). Versuchen Sie den Boden zu berühren, und verbleiben Sie einige Sekunden in der Ausatmung.

2 Während Sie still durch die Nase einatmen, richten Sie sich langsam auf. Heben Sie nun die gestreckten Arme in einer langsamen, fliessenden Bewegung seitwärts hoch, bis sie eine Horizontale bilden (rechts).

3 Beenden Sie die Bewegung und das Einatmen, indem Sie die Hände über dem Kopf in Gebetshaltung gegeneinander legen (oben). Halten Sie die Luft an. Gewahren Sie den Austausch von Energien und die Erneuerung des Lebens in jeder Zelle Ihres Körpers.

Ab-rüsten Beginnen Sie mit Ihren Stimmübungen im Alltag, während Sie laufen, sich beugen, strecken und drehen. Summen Sie leise, singen Sie Ihr Lieblingslied, oder lassen Sie einfach «La-la-las» aus sich heraussprudeln.

Beobachten Sie, wie Ihre Stimme reagiert, wenn ein bestimmter Teil des Körpers dabei bewegt wird. Wird sie ruhiger oder wird sie unsicher, wenn Sie zum Beispiel die Halsmuskeln oder die Hüften bewegen? Die Beobachtung solcher Veränderungen der Stimme kann helfen, «gepanzerte» Bereiche aufzuspüren, das heisst Körperteile, die steif, verspannt, verhärtet und, bildlich gesprochen, wie von einem Panzer umfangen sind. Solche «Panzer» sind oft das Überbleibsel schmerzhafter (oft vergessener) Erfahrungen, die sich als muskulärer Widerstand manifestieren. Versuchen Sie den blockierten Gefühlen eine Stimme zu geben, um sie und sich selbst zu befreien (siehe Seite 73).

Tanz Jede Art von Tanz ist unbedingt zu empfehlen. Besonderes Können ist dabei gar nicht nötig. Wichtig ist, dass Sie sich rhythmisch bewegen und dazu eine Form des Singens finden, die natürlich, frei und entspannt ist. Fühlen Sie sich schüchtern und gehemmt, versuchen Sie das Tanzen und Singen mit einem Partner oder in einer Gruppe.

Miteinander singen Vereinbaren Sie mit Freunden und Familienmitgliedern Zeiten, in denen alle Mitteilungen gesungen werden, egal wie. Eine Kaffeepause oder eine Mahlzeit sind dazu ideal. Versuchen Sie die verschiedenen Stile, wie zum Beispiel Oper, Blues oder Schlager. Sie werden staunen, welche Stimmmöglichkeiten in Ihnen und Ihren Gefährten schlummern. Allein schon das dabei entstehende Gelächter ist Balsam fürs Zusammenleben und wirkt selbst therapeutisch.

Stimmresonanz Schallwellen prallen von den Wänden eines Raumes ab. Bei begrenzter Lautstärke entsteht aus den Schallwellen und ihren Brechungen ein «Pulsieren» von Klang, Hall genannt. Sie können dies ausprobieren, indem Sie in einer Zimmerecke oder im Bad singen oder indem Sie die Hände schalenförmig über die Ohren legen und Ihrer eigenen Stimme zuhören.

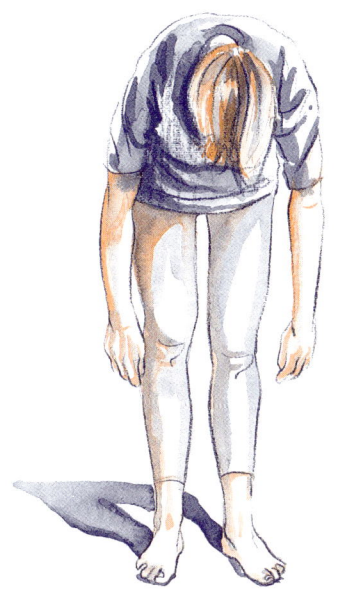

4 Wenn Sie bereit sind, atmen Sie still durch den Mund aus und senken Sie die gestreckten Arme langsam. Lassen Sie nun rasch den noch verbleibenden Atem als hörbaren Seufzer heraus und den Oberkörper nach vorne fallen (oben). Lassen Sie nun ganz bewusst alle verbrauchte Luft, die Sie nicht mehr benötigen, heraus. Entspannen Sie sich und wiederholen Sie die ganze Übung.

DIE STIMME

Vokale und Konsonanten

Vokalklänge sind Tonqualitäten der Stimme, die von einem ununterbrochenen Atemfluss getragen werden. Konsonanten ergeben sich aus der Unterbrechung dieses Flusses. Der durchgängige Klang der Vokallaute wird bestimmt durch die Form der Resonanzräume in Rachen und Mund und wird zusätzlich noch angereichert durch harmonische «Obertöne», die in den Nebenhöhlen erzeugt werden. Es gibt viele feine Schattierungen, die zwischen den fünf eigentlichen Vokalbuchstaben a, e, i, o, u liegen. Entdecken Sie für sich selbst die Resonanzen und Harmonien der Vokallaute, indem Sie die Vokalreihe flüstern «a – e – i – o – u». Singen Sie eine Tonleiter von etwa eineinhalb Oktaven. Üben Sie dieses Singen erst leise, dann lauter.

Im Gegensatz zu den Vokalen entstehen Konsonanten dadurch, dass angehaltener Atem plötzlich freigegeben wird. Der beweg-

«Der Nutzen eines Behälters liegt in seinem Leersein.»

Hindu Sprichwort

Für den zweiten Teil der Körper-Atem-Übung, die auf Seite 49 beschrieben ist, halten Sie die verschränkten Hände locker hinter Ihrem Kreuz (links). Nun beugen Sie sich aus der Hüfte so weit vor, wie Sie können, während Sie die Hände über den Kopf führen (rechts).

Körper-Atem-Übung
Diese zweiteilige Übung verbindet Atembewegungen mit kleinsten Bewegungen anderer Körperteile. Sie ist eine sinnvolle Vorbereitung für umfassendere Körperübungen und fördert die Entwicklung eines sanften Atemablaufs.
Stehen Sie bequem, die Füsse schulterbreit auseinander, die Arme locker seitlich herabhängend. Verschränken Sie die Hände hinter dem Nacken. Achten Sie darauf, dass Kopf, Nacken und Wirbelsäule eine senkrechte Linie bilden. Atmen Sie aus. Neigen Sie sich in dieser Haltung aus der Hüfte heraus nach rechts, so dass der rechte Ellenbogen zum Boden zeigt. Spüren Sie die Dehnung der linken Seite. Einatmen und Luft anhalten. Wenn Sie sich nun wieder aufrichten, atmen Sie aus. Ruhen Sie einen Moment aus, und wiederholen Sie dann die Übung nach links. Machen Sie 10 bis 20 Mal die Links- und Rechtsbewegung, und beobachten Sie, wie sich Ihr Atem in den ganzen Bewegungsablauf einfügt. Ruhen Sie etwa eine Minute aus. Dann gehen Sie zum zweiten Teil über. Beginnen Sie wie zuvor, und verschränken Sie nun die Hände hinter dem Rücken, ohne ihn zu berühren, etwa 20 cm vom Kreuz entfernt. Atmen Sie ein, und halten Sie die Luft an. Halten Sie die Hände zusammen, Arme gestreckt, und neigen Sie sich aus der Hüfte nach vorne, indem Sie die verschränkten Hände so weit wie möglich über den Kopf führen. Atmen Sie aus, und ruhen Sie sich einen Moment in dieser Stellung aus. Dann richten Sie sich wieder auf, atmen Sie ein, und spüren Sie, wie sich die Lungen mit Frische füllen. Wiederholen Sie die Beugeübung 10 bis 20 Mal. Schliesslich legen Sie sich still für einige Minuten hin, und beobachten Sie, wie sich Ihr Atem erholt.

lichste Muskel, die Zunge, ist hauptverantwortlich für das Formen der Konsonantenlaute. Sprechen Sie die folgende Konsonantenreihe, und fühlen Sie, wie die Zunge den Laut von weiter und weiter hinten im Mund und Rachen freisetzt: «li – ti – ni – ki – tschi». Zum Erreichen einer deutlichen Aussprache gibt es keine bessere Übung als das rhythmische Aufsagen einer Konsonantenreihe in geflüsterter, verlangsamter und übertriebener Weise. Dazu werden viele der Gesichts- und Halsmuskeln aktiviert, was nicht zuletzt auch eine die Haut straffende und damit verjüngende Wirkung hat. Eine gute Aussprache ist also auch gut fürs Aussehen!

DIE STIMME

Summ-Übung

Erforschen Sie den Hall in den Luftkammern des Körpers, indem Sie summen – die beste Stimmübung überhaupt! Wir summen ganz natürlich, wenn wir zufrieden und glücklich sind, im Einklang mit uns und unserem Leben. Es gibt drei verschiedene Summstellungen. Probieren Sie eine nach der andern aus – warum nicht gleich jetzt? Die erste Art ist das einfache «mmmmm» mit geschlossenen Lippen. Sie können es erweitern zu einem offenen Vokallaut, wie «mmmaah», «mmmiih», «mmmuuh». Bei der zweiten Art zu summen erzeugen Sie einen «nnnnn»-Laut, indem Sie mit der Zungenspitze in die Mulde im vorderen Gaumen stossen. Auch hier ist der Übergang zu den offenen Lauten «nnnaah», «nnniih», «nnnuuh» möglich. Die dritte Art zu summen entsteht dadurch, dass der hintere Teil der Zunge zum weichen Gaumen hinten in der Mundhöhle gehoben wird. Dies erzeugt den nasaleren «ngngngng»-Laut, der sich zu «ngngaah», «ngngiih», «ngnguuh» öffnen lässt.

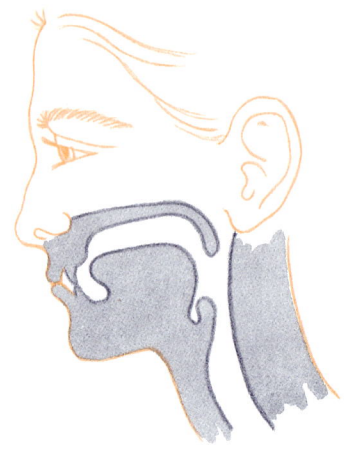

Beim Summen von «mmmm» sind die Lippen geschlossen, die Zunge liegt auf dem Mundboden (oben). Fühlen Sie die Schwingungen im Gaumen.

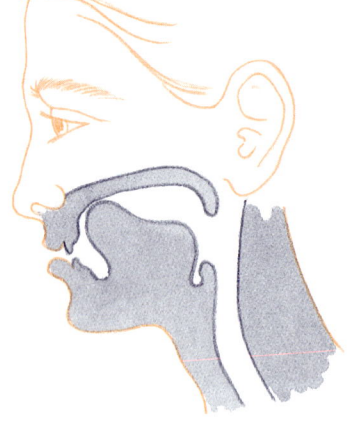

Das «nnnn»-Summen entsteht dadurch, dass die Zunge den harten, vorderen Teil des Gaumens berührt (oben). Die Schwingungen können sich bis zu den Ohren ausbreiten.

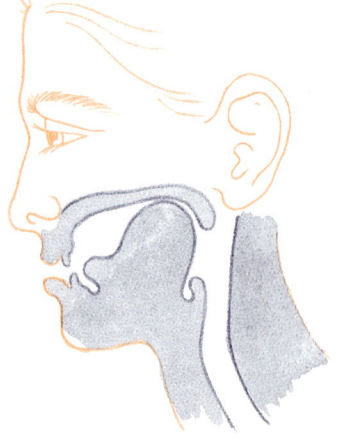

Heben Sie den Zungenrücken gegen den weichen, hinteren Teil des Gaumens, um ein nasales «ngngngng»-Summen hervorzubringen (rechts). Die Schwingungen verlagern sich in den Hals- und Rachenraum.

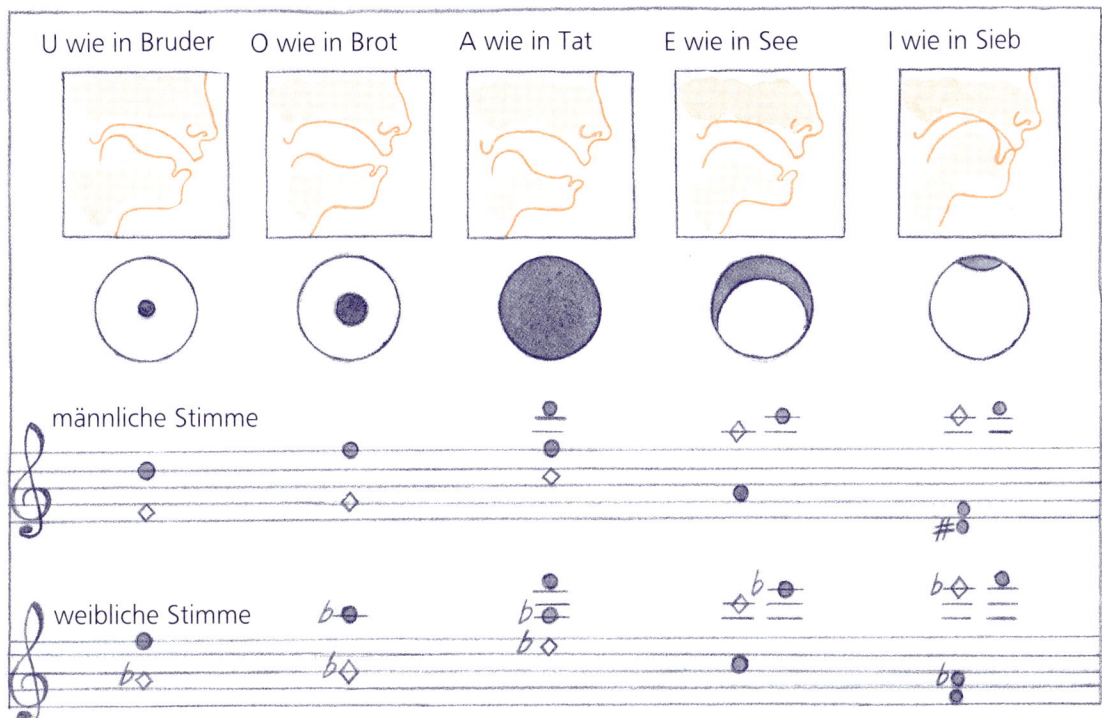

Die obige Illustration zeigt die Mund- und Zungenstellung bei der Aussprache der fünf Vokale. Im unteren Diagramm sehen Sie, wie sich die Vokalform «anfühlt», eine Kombination der jeweiligen Lippen- und Zungenstellung, von vorne gesehen. Darunter sind auf der Tonleiter die jeweiligen Tonhöhen beim Flüstern für durchschnittliche Männer- und Frauenstimmen angegeben.

Konsonanten-Übungen

Um die Anspannung oder Ermüdung der Zunge zu verringern, strecken Sie sie beim Gähnen weit heraus. (Achten Sie einmal darauf, mit welcher Anmut Katzen diese Bewegung ausführen!) Was beim Gähnen innerlich vorgeht, entspricht den Empfindungen beim guten Singen.

Manchmal mag sich die Zunge «träge» anfühlen. Dann hilft Singen oder Aufsagen von Vokallauten, die mit einem L beginnen, wie «Luuh», «Looh», «Laah», «Leih». Jetzt machen Sie dasselbe, halten aber dabei den Handrücken etwa 5 cm vor den Mund und berühren diesen beim Sprechen oder Singen jeder «L-Silbe» mit der Zungenspitze.

«Die Seele ist in der Zunge; die Zunge ist das Ruder, mit dem der Mensch seinen Kurs durch die Welt steuert.»

Alte ägyptische Weisheit

DIE SPRACHE DER MUSIK

Die Musik der Welt lässt sich als grosse Familie miteinander verwandter Sprachen beschreiben, jede mit eigenem Vokabular, eigener Grammatik und Literatur. Viele von ihnen besitzen eine Schrift von besonderer Schönheit. In allen Zivilisationen wurde Musik so hochgeschätzt und als so bedeutungsvoll erachtet, dass Musikbücher und Musikinstrumente von Kunsthandwerkern mit Kunstfertigkeit und Hingabe reich mit seltenen Farben, wertvollen Metallen und Edelsteinen verziert wurden.

Heutzutage sind wir längst mit der westlichen Musikschreibweise, wie sie auch in diesem Buch verwendet wird, vertraut, mit dem fünflinigen Notensystem und Noten wie Halbtönen und Achtelnoten. Die Symbolschrift der Musik entwickelte sich schrittweise über Jahrhunderte, angetrieben durch musikalische Neuerungen und die Weiterentwicklung der Musikinstrumente.

Über den Einzelnen hinaus hat Musik eine bemerkenswerte Macht, Gruppen und Gemeinschaften zu vereinen und anzuspornen. Ganze Nationen werden bei Staatsanlässen durch Musik geeint und begeistert. Marschmusik, Chorgesang, Rock- und Popkonzerte, die Anfeuerungsrufe von Sportanhängern im Siegestaumel, das sind alles Beispiele von Musik, in denen individuelle Gefühle zu einer einzigen Energie verschmelzen, die stark genug ist, das gemeinsame Erlebnis zur Ekstase zu steigern.

Sieh, wie die Himmelsflur ist eingelegt mit Scheiben lichten Goldes!
Auch nicht der kleinste Kreis, den du da siehst,
der nicht im Schwunge wie ein Engel singt
zum Chor der hellgeaugten Cherubim.
So voller Harmonie sind ewige Geister.
Nur wir, weil dies hinfällige Kleid von Staub
ihn grob umhüllt, wir können sie nicht hören.

Shakespeare

Musik und Natur

Eine Welt ohne natürliche und vertraute Klänge wäre wirklich eine fremde Welt. Können Sie sich ein Wetter ohne die Musik des Windes oder den Rhythmus des prasselnden Regens vorstellen? Eine Umwelt ohne den Wellenklang des Meeres, das Murmeln eines Baches oder das Rauschen eines Wasserfalls? Keine summenden Bienen, keine zirpenden Grillen und auch kein Vogelgesang? Der Gesang der Vögel ist – vergleichbar unserer eigenen Musik – von komplexer, kontinuierlicher und rhythmischer Art; oft dient er der Behauptung von Gebietsansprüchen und der Brautwerbung, ähnlich unseren Liedern von Heim und Herd. Vögel scheinen einfach aus Freude am Singen zu zwitschern; jede Vogelart hat ihre besonderen Eigenheiten, die in manchen Fällen örtliche Unterschiede, sozusagen musikalische «Dialekte», aufweisen; und jeder Vogel entwickelt eigene Variationen der ihm vererbten Muster, ganz ähnlich wie dies in der Tradition der Volkslieder geschieht.

Die Wurzel Jesse. Mittelalterliches Werk, das die Bedeutung der Musik im Leben darstellt. Musiker mit verschiedensten Instrumenten sitzen mitten unter den Gelehrten, der Muttergottes mit ihrem Kind oben und dem gekrönten König unten.

DIE SPRACHE DER MUSIK

Die wohltuenden Wirkungen der Musik auf die Natur waren seit jeher bekannt, besonders im alten Orient. Volkstraditionen erzählen bezaubernde Geschichten, wie Musik Fruchtbarkeit und reiche Ernte brachte. Die indische Stadt Vrindavan ist berühmt für ihr üppiges Grün, das der lebensspendenden Flötenmusik von Krishna zugesprochen wird. Mian Tan Sen, im 16. Jahrhundert Hofmusiker des Kaisers Akbhar von Lahore, konnte nicht nur Bäume zum Wachsen und Blühen bringen; er soll auch durch entsprechende Gesänge das Wetter zum Wohle der kaiserlichen Gärten verändert haben. In Südindien glaubt man, dass das Summen und Brummen der Insekten das gesunde Wachstum des Zuckerrohrs fördere.

Die moderne Wissenschaft unterstützt diese Ansicht. Pflanzen wachsen schneller, wenn Felder oder Gewächshäuser mit Musik berieselt werden. Experimente beweisen, dass Keimung, Wachstum, Blüte, Reifung und Fruchtertrag durch Klangwellen beeinflusst werden, besonders durch Musiktöne niedriger Frequenzen von 100 bis 600 Hz. Hof- und Haustiere reagieren auf Musik; Kühe geben mehr Milch, wenn Musik im Melkstall erklingt; bestimmte Rennpferde werden ganz aufgeregt, wenn das Transistorradio aus ihrem Stall entfernt wird.

Wenn Pflanzen und Tiere reagieren, dann gewiss auch der Mensch. Unter der oft dünnen und brüchigen Decke der modernen Zivilisation sind wir das evolutionäre Produkt der Natur. Es

Die Melodie einer gewöhnlichen Gartensängerin, der Amsel. Jeder Vogel hat seinen eigenen gesanglichen «Fingerabdruck», einen einzigartigen Gesangsstil und eine eigene Melodie, an der man nicht nur die Vogelart, sondern sogar den einzelnen Vogel wiedererkennen kann.

gibt keinen Grund, warum wir davon ausgeschlossen oder dagegen immun sein sollten. Immer deutlicher erkennen wir, dass das Leben ein Gewebe von zusammenwirkenden, voneinander abhängigen Teilen ist. Mit etwas Übung können wir uns die uralte Auffassung der Musik als Prinzip gegenseitiger Verständigung wieder zu eigen machen. Musik, im spirituellen Sinne, ist Achtung vor dem Leben.

Die Klangtherapie der Natur

Seit vielen Jahren haben Therapeuten und Psychologen die Musik der Natur als Mittel zur Beeinflussung von Gefühl und Geist herangezogen. Jeder kann diese Prinzipien auf seine eigenen Verhältnisse übertragen. Zum Beispiel: Versuchen Sie's mal mit dem plätschernden Klang fliessenden Wassers – ein kleiner Bach, ein Springbrunnen oder Wasserfall –, wenn Sie Gefühle wie Eifersucht, Frustration oder Ärger plagen. Stellen Sie sich vor, wie das reinigende Wasser Sie umspült und Ihr Gemüt hell und geläutert erstrahlen lässt wie die rund geschliffenen Kieselsteine im Flussbett. Ähnlich kann auch das Flüstern einer sanften Brise alle «Spinnweben» aus unserem Gemüt fortblasen.

Manche stressgeplagten Menschen empfinden das Rauschen des Windes, besonders wenn er stark bläst, als unangenehm oder gar als quälend. Wenn es auch Ihnen so ergeht, versuchen Sie einmal, hinauszugehen und sich den Wind ins Gesicht blasen zu lassen, statt sich drinnen zu verbergen, wo das körperlose Heulen Ihnen die Ruhe raubt.

Übung zur Musik der Natur

Die Freude an der Musik der Natur, wie etwa am Singen der Vögel, hat besänftigende und aufheiternde Wirkung. Schärfen Sie Ihre Wahrnehmung, indem Sie in die Natur hinausgehen und Ohr und Geist auf die Sie umgebenden Geräusche richten. Machen Sie eine Liste der Geräusche, die Sie hören, und notieren Sie, wie Sie darauf reagieren. Beachten Sie zwitschernde Vögel, schwirrende Insekten, raschelnde Blätter, wehendes Gras, bellende Hunde und wiehernde Pferde. Welches sind die offensichtlichen und welches sind mehr versteckte Geräusche? Reagieren Sie mehr auf die Lautstärke, das Lauteste zuerst, oder auf die Frequenz, das Tiefste zuerst?

DIE SPRACHE DER MUSIK

Übung zum Hören der Natur

Bewusstes Zuhören eröffnet Ihnen den Zugang zur Musik der Schöpfung und lässt Sie Freude und Leid mit anderen Lebewesen teilen.

«Höre! Suche zuerst die Stille. Wenn Du einen Meditationsort finden kannst, unter den Bäumen, am Fluss, in den Bergen oder in einem stillen Garten – gut! Wenn nicht, tritt ein in Deine innere Landschaft, den Garten, der bepflanzt und gepflegt wird von Deiner schöpferischen Vorstellungskraft.»

«Höre! Lass den Himmel, das Licht, die Erde, das Wasser, die Felsen, die Pflanzen und Tiere von ihrem Herzen zu Deinem singen. Es braucht kein «Tun» zum Singen, und sorg Dich nicht ums Wie. Hörst Du mit offenem Herzen und Liebe zu, wird das Lied von selbst entstehen wie das Öffnen einer Blüte.»

«Höre! Vielleicht ist es nur für Dich allein. Vielleicht kannst Du es mit einem oder mit vielen anderen Zuhörern teilen: Du wirst Dich für immer daran erinnern oder einen Tag lang oder eine Stunde, das macht keinen Unterschied. Die Quelle wird nicht mehr versiegen. Es genügt, dass Du sie gehört hast. Du kannst, wann immer Dein Herz ihrem Ruf antwortet, in die Welt des Liedes zurückkehren. Höre nur zu!»

Mit zunehmender wissenschaftlicher Erkenntnis der Wirkung bestimmter Töne auf den Menschen könnte wohl auch der Vogelsang zu einer anerkannten ganzheitlichen Therapie werden. Gewiss gibt es kein besseres Rezept gegen Stress als zum Beispiel fünfzehn Minuten Gesang von Amsel, Drossel und Rotkehlchen zu je gleichen Teilen!

Grundlagen der musikalischen Form

Die musikalischen Formen, wie wir sie heute in der Musik der westlichen Welt kennen, bildeten sich vor allem im 18. Jahrhundert heraus.

Jede Musik, gleich welcher Art, weist formale Elemente in ihrem Aufbau auf. Die Kenntnis dieser musikalischen Formen und der ihnen innewohnenden Bedeutung führt zu einem vertieften Verständnis der Musik und ihrer heilenden Wirkungen.

Ein einzelner Ton einer Trommel oder einer Saite des Klaviers, der Violine oder Gitarre ist zwar ein musikalischer Klang, doch der Baustein der Musik ist, wie in der Sprache, der Satz. Ursprünglich war ein Satz eine Gruppe von Tönen oder Worten, die mühelos in einem Atemzug gesungen werden konnte. In traditionellen Hymnen und Volksliedern finden sich unzählige Beispiele für diese Form des Satzes.

Zwei aufeinanderfolgende Halbsätze nehmen die Form einer «Frage-und-Antwort»-Symmetrie an und werden als musikalischer Satz oder als Thema bezeichnet.

Unser natürliches Gefallen an Wiederholungen und Gegensätzen fügt musikalische Sätze zur vierzeiligen Strophenstruktur zusammen, die uns von zahllosen Volksliedern, von der Oper bis zum Blues, von Cole Porter bis zu den Beatles vertraut ist. Diese zweifache Symmetrie drückt eine sich ergänzende Dualität aus. Die darin enthaltene Botschaft von Ausgeglichenheit, Vollständigkeit und Abgeschlossenheit kann bei Verlust des geistigen oder emotionalen Gleichgewichts, bei Schock, Verlassensängsten und Einsamkeit, Ruhelosigkeit und Konzentrationsmangel therapeutische Wirkung haben.

Im Gegensatz dazu weist eine Musikform mit dreiteiliger Struktur zwei ähnliche musikalische Abschnitte mit einem davon abweichenden Mittelteil auf, wie wir es in vielen Volksliedern finden. Mit dem ihr innewohnenden Versprechen eines Neuanfangs und der Transformation ohne Zerstörung kann diese Form wohltuend wirken bei fixen Ideen, Trägheit, Mangel an Anpassungsfähigkeit und Furcht vor Neuem oder vor weiten Räumen.

Ein drittes Beispiel ist die Rondo-Form, die, bestehend aus Strophen, die durch einen wiederkehrenden Refrain verbunden werden, auf der Ballade oder dem erzählenden Lied basiert. Die innere Bedeutung liegt hier in der Struktur von Reise und Heimkehr, dem Verbinden von Altem mit Neuem und der Auflösung von Fremdem und Vertrautem. Musik in Rondo-Form kann auf Pessimismus, Mangel an Mut oder Glauben, auf Verbitterung und Zynismus einwirken.

Ein viertes Beispiel wird oft als Thema mit Variationen bezeichnet. Ein musikalisches Thema wird vom Komponisten oder Musiker in verschiedener Weise und Ausschmückung vorgestellt. Die innere Bedeutung dieser Form liegt darin, dass sie der Darstellung der unterschiedlichen Facetten der Persönlichkeit dienen kann, die sich jeweils in verschiedenen Situationen und Beziehungen zeigen. Die Auseinandersetzung mit Musik dieser Art, zum Beispiel im Jazz, kann bei Zuständen helfen, die mit Scham und Schuldgefühlen, mit Angst, sich selbst auszudrücken, oder

DIE SPRACHE DER MUSIK

Angst vor Bestrafung oder mit selbstauferlegten Begrenzungen und Eigenhass zu tun haben.

Poesie und Musik

Die Stimme ist das gemeinsame Sprachrohr zum Ausdruck von Poesie und Musik. Durch Poesie und Gesang sind wir fähig, Gefühlen Ausdruck zu geben, zu deren Beschreibung es der Alltagssprache an Worten mangelt. Sie stellen auch akzeptierte Formen der Äusserung negativer Einstellungen und Gefühle dar, die andernfalls unsere Psyche lähmen oder völlig vereinnahmen würden. Den extremsten Ausdruck findet dies in den vielfältigen Formen der Primär- und Schreitherapie.

In vielen Kulturen wird die der Stimme eigene Doppelfunktion von Singen und Sprechen in einen analytischen und einen emotionalen Teil gespalten: Kopf und Herz, Geist und Materie, Traum

---

Übung zur musikalischen Form

Singen Sie einige Male eines Ihrer Lieblingslieder durch, sei es ein Kirchenlied oder ein Volkslied, ein klassisches Stück oder einen Schlager; am besten sollte es recht langsam und lyrisch sein. Dies könnte zum Beispiel das beliebte Volkslied «Kommt ein Vöglein geflogen» («Roti Rösli im Garte») sein.
Zunächst betrachten Sie die musikalische Form. Jede Zeile enthält eine Aussage, und sie bilden paarweise je einen musikalischen Satz. Im ersten Satz wird die Grundmelodie festgelegt. Durch die Wiederholung im zweiten Satz wird die Melodie wiederaufgenommen und verstärkt, um mit dem Ende der letzten Halbzeile den Kreis zu schliessen.
Dann wenden Sie sich den Worten, ihrer Bedeutung und Aussprache und ihrem Inhalt zu. Erspüren Sie, wie die Töne der Aussage, ihren Bedeutungsnuancen und ihrem emotionalen Gehalt entsprechen.
Nun singen Sie das Lied einige Male durch. Achten Sie darauf, wie Worte und Melodie die Gefühlslage widerspiegeln, aus der das Lied entsprungen ist. Können Sie sich vorstellen, auf die gleiche Melodie den ersten Satz als Frage statt als Behauptung zu singen? Oder dass Sie die beiden letzten Zeilen weglassen? Versuchen Sie dies einmal mit einigen Ihrer Lieblingslieder. Am besten eignen sich alte traditionelle Volkslieder.

> Kommt ein Vöglein geflogen,
> Setzt sich nieder auf mein' Fuss,
> Hat ein Brieflein im Schnabel,
> Von der Mutter ein' Gruss.
>
> Lieber Vogel, flieg weiter,
> Bring ein' Gruss mit und ein' Kuss,
> Denn ich kann dich nicht begleiten,
> Weil ich hierbleiben muss.

Übung: Gesungene Verse
Diese Übung, die in vielen Variationen möglich ist, erlaubt Poesie und Musik wieder zusammenzubringen und mit Körperbewegungen zu verbinden. Sie erhöht Ihr Reaktionsvermögen und baut Anspannungen der Stimmechanismen und Hemmungen in Bezug auf das Singen ab. Es ist eine ausgezeichnete Übung, um stimmliches Selbstvertrauen zu gewinnen und die Koordination von Körper, Geist und Stimme zu verbessern.
Wählen Sie eines Ihrer Lieblingsgedichte. Sie brauchen für diese Übung einen grossen, aufgeblasenen Luftballon und reichlich Raum, um sich frei bewegen zu können. Stossen Sie den Ballon in die Luft, und halten Sie ihn dort, indem Sie ihn immer wieder leicht mit den Fingern, den Knien, den Zehen oder dem Kopf anstupsen. Bei jedem Anstupsen singen Sie ein Wort des Gedichts, versuchen Sie dabei Klang und Berührung perfekt aufeinander abzustimmen. Sie erkennen schnell, wie wenig körperlicher Anstrengung es bedarf, jedoch wie viel Beweglichkeit von Körper und Geist. Sowohl der Ballon wie auch Ihre stimmlichen Äusserungen reagieren am besten auf zarte und genaue Impulse. Mit zunehmender Beherrschung können Sie eigene, andere Formen dieser Übung erfinden. Sie könnten zum Beispiel eine Tonleiter singen, solange der Ballon in der Luft schwebt, den Ballon während des Singens gegen die Wand federn lassen, mit einem Partner oder in einer Gruppe arbeiten.

und Wirklichkeit. Die Stimme vereint in sich jedoch gleichermassen beide Möglichkeiten. Spielen Sie mit ihnen, lassen Sie sie einander übergehen: Singen Sie Gedichte! Deklamieren Sie Melodien! Gedichte können tiefsinnig, provozierend oder einfach lustig sein; sie können streng konstruiert oder improvisiert sein; sie können gelesen, laut aufgesagt oder mit Musik, Tanz und den bildenden Künsten verbunden werden. Poesie kann äusserst persönlich und privat sein oder mit anderen geteilt werden; es gibt solche für gute und schlechte Zeiten, und vor allem dient sie der Erkenntnis, der Freude und dem Genuss.

«Alle Sorgen können ertragen werden, wenn man sie in eine Geschichte kleidet.»

Isak Dinesen

DIE SPRACHE DER MUSIK

Die Kunst der Stille und des Lachens

Einen besonderen Platz nehmen in der Klangtherapie zwei Ausdrucksformen ein, die tief im Unbewussten verwurzelt sind: Stille und Lachen.

Stille ist nicht eine Lücke, die um jeden Preis gefüllt werden muss, sondern lebendige Gegenwart, die zu pflegen sowohl Wohltat wie auch Heilung bedeutet. Sänger lernen die Stille zu schätzen und vermeiden unnötiges Geschwätz vor einer Vorstellung. Denken Sie auch an die Ausdruckskraft eines Pantomimen. Einige der weltgrössten Mimen verbinden die Kraft der Stille mit dem Lachen, indem sie als Clowns die Welt erfreuen. Beobachten Sie, wieviel Mimik ganz natürlich verwendet wird: in einer angeregten Unterhaltung, im Unterricht, in einer öffentlichen Debatte, in alltäglichen Situationen wie im Café oder im Laden, auf der Strasse oder in Zug und Bus. Gewöhnlich dienen die Gesten dazu, eine Aussage zu unterstreichen, manchmal jedoch widerspricht die Körpersprache den Worten, und werden sie auch mit noch so grossem Nachdruck gesprochen. Was liegt wohl näher bei der Wahrheit?

Die Bedeutung des Lachens für Körper und Seele kann wohl kaum überbetont werden. Gelächter stellt die Welt auf den Kopf,

«Die Geburt der Sprache war die Geburt der Menschheit. Jedes Wort war die klangliche Entsprechung einer inneren oder äusseren Erfahrung, der Brennpunkt von Energien, in dem die Umwandlung von Wirklichkeit in die Schwingungen der menschlichen Stimme stattfand – lebendiger Ausdruck der Seele. Durch diese Klangschöpfungen nahm die Menschheit Besitz von der Welt.»

Lama Govinda

Übungen der Stille

Sind Sie schon jemals ganz von völliger Stille umgeben gewesen? In unserer lärmüberfluteten Welt der Flugzeuge, Lastwagen, Radios und schweren Maschinen wird das immer schwieriger. Doch mit Einfallsreichtum und Planung ist es immer noch möglich. Warum gönnen Sie sich nicht täglich ein wenig Stille? Schon die kurze Zeitspanne von fünf oder zehn Minuten mag zunächst wie eine Herausforderung erscheinen, wird sich aber schon bald als erfrischend und entspannend erweisen. Betrachten Sie die Stille nicht als Verweigerung der Kommunikation, sondern als eine Zeit des aufmerksameren Hörens. Solche Momente der Stille werden Ihre Stimme, Ihre Sprechweise und Ihren Wortschatz neu beleben und verfeinern.

Pflegen Sie auch die kommunikativen Möglichkeiten der Mimik. Wenn Sie einen öffentlichen Vortrag oder eine Rede vorbereiten oder ein Gedicht aufsagen wollen, versuchen Sie einmal den Inhalt mimisch darzustellen, durch Gesten und Körpersprache.

Zeremonieller Hörnerklang ertönt am «Eisteddfod», einem walisischen Fest. Diese Feste haben uralte Wurzeln und bringen – in der Verbindung darstellender Kunst mit Musik – Musiker, Dramatiker, Tänzer und Schauspieler zusammen.

kehrt das Innerste nach aussen und das Unterste zuoberst. Einbildung und übertriebenes Gehaben bringt es wie eine Luftblase zum Platzen. Es wirkt reinigend auf Seele und Gemüt. Ebenso wie das Weinen kann das Lachen aus vollem Herzen Einsamkeit und Unsicherheit überwinden und so überaus heilsam wirken. Es ist ein wissenschaftlich bewährtes harmloses Schmerzmittel: es setzt nämlich natürliche schmerzstillende Substanzen, Endorphine, im Gehirn frei. Wann immer die Wirklichkeit in falschem Ernst unterzugehen oder das gesunde Empfinden von der Meinung anderer überrollt zu werden droht, lassen Sie die Clowns rein! Gehen Sie alles mit einem inneren Lächeln an. Sehen Sie immer das Beste an einer Situation, oder betrachten Sie sie zumindest von der angenehmen Seite. Seien Sie leichten Herzens, sprühend vor Leben und leuchtend vor Gesundheit. Sehen Sie Probleme im rechten Verhältnis, und machen Sie sich so frei für die wahre Erkenntnis. Alle Therapien verlangen nach einer Einsicht, einer Erleuchtung, und das Lachen ist genau das: die Berührung mit dem Leichten, Lichten.

Musik und die spirituelle Suche

In vielen Kulturen der Welt und seit uralter Zeit gibt es den Kult der Schamanen. Der Schamane, Mann oder Frau, tritt nach dem Glauben seiner Anhänger in tranceähnlichem Ekstasezustand mit der Welt der Geister in Verbindung. Sein Wirken richtet sich auf Heilung von Kranken, die Abwehr von Unheil, Regen- und Erntezauber oder Wahrsagen. Klänge, vom Schamanen selbst erzeugt, von den Teilnehmern und Zuschauern, von Trommeln und anderen Instrumenten, spielen dabei eine entscheidende Rolle. Oft haben sie die Form rhythmisch wiederholter Gesänge.

Der heilkundige Schamane stellt die Verbindung zwischen dem Volk und der Geistwelt her. Zu allen Zeiten wurden diese Menschen mit priesterlichen Aufgaben betraut, den Zugang zu ihren mystischen Heilkräften fanden sie durch Mutproben und in Grenzerfahrungen, die als Einweihungsrituale dienen. Durch Gesang, der aus dem Herzen kommt, werden Heiler und Volk zu einem spirituellen Ganzen. Die spontane Äusserung des heiligen Gesangs setzt im Heiler und der Gemeinschaft Kräfte frei, die bei jeder darauffolgenden Wiederholung verstärkt werden. Seine eigenen Erfahrungen von Prüfungen und Qualen ermöglichen es dem Heiler, andere Menschen, denen Krankheit und Tod drohen, durch seinen Gesang zu neuem Leben zu erwecken. Solche Gesän-

Das Chanten

Das Chanten, eine Art von Meditation mit Worten und Klängen, lenkt den Verstand durch die rhythmische Wiederholung zunehmend nach innen, auf Seele und Geist. Versuchen Sie es zuerst mit den auf dieser und der folgenden Seite aufgeführten traditionellen Chants, und entwickeln Sie dann Ihre eigenen.

Berg-Gesang

Ich bin ganz bei mir, erblicke mich,
Ich bin ganz unterm Regenbogen,
Ich bin ganz bei mir.
Hier an diesem heiligen Ort.
Ja, ich bin ganz bei mir, erblicke mich!
Im Leben, unendlich und darüber hinaus,
Ja, ich bin ganz bei mir, erblicke mich!
In ewiger Freude,
Ja, ich bin ganz bei mir, erblicke mich!

Gesang vom Teilen

Ich vereine meinen Atem mit Deinem,
Mögen unsere Tage auf dieser Erde lange währen,
Mögen die Tage unseres Volkes lange währen,
Mögen wir ein einzig Wesen sein.
Mögen wir unsere Wege gemeinsam beschliessen.
Möge unser Vater Dich mit Leben segnen.
Möge unser Lebenspfad Erfüllung finden.

---

ge und Lieder sind selbst beinahe wie Lebewesen, «Freunde in der Not», gesungen von Männern und Frauen, denen die Sprache schon längst nicht mehr genügt. Ein Heiler erklärte: «Wie viele Lieder ich in mir habe, kann ich Dir nicht sagen. Es gibt so viele Momente der Freude und Sorge, in denen das Verlangen zu singen mich einfach überkommt... Mein ganzes Wesen ist Gesang.»

Tief im Innersten trägt der Schamane das Tor, das ihm Zugang zur Geistwelt gewährt. Durch dieses Tor, das dem Uneingeweihten meistens verschlossen bleibt, erhält der Sänger Einlass zu den Mysterien des Gesanges und der Heilung. Heilgesänge entstehen in Stille und Schweigen, in der Meditation über die Schönheiten

Musik-Bewegungs-Übung in Gruppen

Diese Übung für Gruppen von drei bis sechs Personen verbindet Musik, Bewegung, Hören und allgemeine Wahrnehmung. Der Übungsraum sollte ruhig und störungsfrei sein und jedem genug Platz bieten, sich frei zu bewegen. Gegenseitiges Einfühlungsvermögen und Vertrauen zueinander sind wichtig. Bevor Sie beginnen, prüfen Sie, ob jeder genügend Platz hat, um die Arme ungehindert in alle Richtungen ausstrecken zu können.

Zuerst singt jedes Mitglied der Gruppe ein Stück eigener Wahl, einen Schlager, eine Hymne, ein traditionelles Lied, eine Fernseh-Musik oder etwas Improvisiertes, und zwar tun dies alle zugleich! Halten Sie die Lautstärke so, dass jeder Teilnehmer, umgeben von möglichen Ablenkungen, dennoch bei sich selbst bleiben kann, seine Identität wahren kann, ohne schreien zu müssen.

Fahren Sie mit dem Singen fort und machen Sie dazu improvisierte Bewegungen, indem Sie dazu den ganzen Übungsraum nutzen. Achten Sie darauf, den persönlichen Raum der anderen zu respektieren und niemanden zu behindern. Sie sollten dabei ständig weiter singen und in Bewegung bleiben. Dies ist eine gute Übung für Ihre körperliche und geistige Anpassungsfähigkeit und Beweglichkeit.

Nun tun Sie das Ganze in Zeitlupe und alle mit geschlossenen Augen. Nehmen Sie Ihre jeweilige Position nur über den Klang wahr. Die hierzu benötigte Konzentration wird Ihnen helfen, die Wahrnehmung von alltäglichen Bewegungen und Tönen zu schärfen und zu vertiefen. Die Übung selbst kann zu einer «aktiven Meditation» werden.

DIE SPRACHE DER MUSIK

Übung des aktiven Zuhörens
Musik hören und verstehen kann heilend wirken, besonders wenn die Musik Ihre tiefsten Gefühle und Wünsche zum Ausdruck bringt. Mit dem Herzen hören statt mit dem Verstand ist eine Form der Meditation. Sie werden überrascht sein, wie heilsam die Erfahrung sein kann, grossartiger Musik wirklich zuzuhören und Ihr Herz davon berühren zu lassen. Dies kann Ihnen in Zeiten geistiger Anspannung, schlechter Gesundheit oder bei emotionalem Stress helfen.

Stellen Sie sorgfältig eine kleine persönliche Sammlung von Aufnahmen zusammen. Wählen Sie nur solche Stücke aus, die Ihrem Herzen und Verstand wirklich etwas «sagen». Wählen Sie spontan, aus Ihrem Innersten heraus, unabhängig von Fachurteilen oder Zeitgeschmack. Nehmen Sie ruhig auch Musik darin auf, die Sie vielleicht jetzt noch nicht verstehen, aber von der Sie fühlen, dass sie Ihnen irgendwann einmal Erfüllung geben wird. Vermeiden Sie Musik, von der Sie instinktiv spüren, dass sie Sie kalt und unberührt lässt.

Setzen Sie sich bequem hin, so dass Sie sich mit geschlossenen Augen entspannen können und dabei doch wach und aufmerksam bleiben. Suchen Sie eines der Musikstücke aus, mit einer Länge von acht bis zehn Minuten. Spielen Sie es einmal ganz durch, hören Sie einfach zu, und lassen Sie die Musik auf sich wirken. Stellen Sie sich die Töne als Formen und Farben vor, die durch Ihre Haut dringen und ins Blut, in die Knochen und Nerven gelangen.

Nach einer Pause hören Sie sich das Stück nochmals an; benutzen Sie diesmal Arme und Hände, um das Gehörte auszudrücken. Träumereien, Gefühle und Gedanken, die durch die Musik ausgelöst werden, fliessen aus Ihrem Herzen in die Schultern, den Ort des Willens, und von dort in die Unterarme, den Ort der Emotionen. Die Gefühle dringen in Ihre Hände, bis in die Fingerspitzen, die für die intellektuelle Aktivität stehen – und von dort hinaus in die Welt.

Schliesslich kommt zu den Bewegungen noch Ihre Stimme hinzu. Summen oder singen Sie, oder gebrauchen Sie Ihre Stimme in irgendeiner anderen Weise. Sie werden staunen, wie leicht die Stimme und die Bewegungen fliessen, und Sie werden sich danach leicht und inspiriert fühlen.

Navajo Nacht-Heil-Gesang

Glücklich erhole ich mich,
Glücklich wird mein Inneres ruhig,
Glücklich schreite ich voran,
Mit ruhigem Innerem werde ich gehen,
Ohne Schmerzen werde ich gehen,
Wie es vor langer Zeit war, werde ich gehen,
Glücklich mit der Fülle der Wolken werde ich gehen,
Glücklich mit reichem Regenfall werde ich gehen,
Glücklich auf dem Pfad des Blütenstaubs werde ich gehen,
Glücklich werde ich gehen.

Ein Sioux-Gesang zur Sonnenverehrung

Meine Stimme
will ich erheben,
Erhöre mich,
das Land,
überall.
Meine Stimme
erhebe ich.
Erhöre mich!
Ich werde leben!

der Natur, wie zum Beispiel den Wald oder die Berge. Die Melodien, Rhythmen und Worte steigen wie Luftbläschen aus der Tiefe des Ozeans in die Höhe, um dort ihre Kraft freizusetzen. Solche Gesänge aus der Tiefe des Unbewussten werden nicht leicht errungen; der Heiler muss sich dazu unbekannten Höhen und Tiefen von Freude, Leid, Einsamkeit und Furcht aussetzen. Dies ist ein Abenteuer, das Mut erfordert, doch, wie es heisst, nur dem Demütigen offenbart sich der Traum, und in jedem Traum verbirgt sich ein Lied.

Wir alle haben zumindest Bruchteile solcher Heilkräfte in uns. Der Traum, die Vision, die Ihr Lied enthält, kann für Sie ganz allein bestimmt sein, einzigartig und ureigen, Ihr persönliches «Lebenslied». Oder es kann ein Heillied für einen kranken Menschen sein, ein Lied der Gemeinschaft, eine Hymne für die Nation oder gar eine Musik, die die ganze Welt aufrüttelt.

SELBSTERFAHRUNG DURCH KLANG

*«Der Sänger allein macht nicht das Lied.
Es braucht jemanden, der zuhört.
Der eine öffnet seinen Mund zum Singen,
der andere singt im Geiste mit.»*

Rabindranath Tagore

Die Stimme verbindet die Ebene des Bewussten mit der des Unbewussten. Übungen zur Selbsterfahrung und Selbstentdeckung können helfen, diese zwei Ebenen in eine harmonische Beziehung zueinander zu bringen, was enorm heilsam wirken kann. Dieses Kapitel zeigt, wie Sie Stimme, Klänge und Bewegungen in Verbindung mit Ihren geistigen Fähigkeiten und Ihren Gefühlen dazu benützen können, einen Blick in Ihr Innerstes zu tun und mehr von sich selbst zu erfahren. Mit zunehmender Selbsterkenntnis schreiten Sie auch auf dem Pfad der Heilung voran.

Die folgenden Seiten wollen Ihnen nur Ratschläge und Hinweise geben; sie sind nicht als starre, unabänderliche Anweisungen gedacht. Lesen Sie die verschiedenen Übungen durch, und suchen Sie sich die aus, die Ihnen am meisten entsprechen. Zögern Sie nicht, Ihrem Instinkt und Ihrer kreativen Eingebung folgend, die Übungen abzuändern.

Übung zur Erkundung des Gesichts

Machen Sie sich zunächst mit Ihrem Gesicht vertraut, indem Sie es berühren. Erforschen Sie, bei geschlossenen Augen, mit den Fingerspitzen die Knochenstruktur des Gesichtes, besonders Nase, Augenhöhlen, Wangen- und Kieferknochen. Ertasten Sie die unter der Haut liegenden Formen, nehmen Sie sich Zeit dafür. Machen Sie sich mit den Konturen und der Festigkeit der Knochen vertraut, die unter den Ihnen so vertrauten Gesichtszügen liegen. Ertasten Sie mit den Daumen die Enden des Unterkiefers unterhalb der Ohrläppchen. Streichen Sie der Linie des Kieferknochens entlang, vorbei am scharfen Knick und dem Bogen entlang, bis die Daumen sich unter dem Kinn treffen. Das Knochengerüst trägt wesentlich zum Gesichtsausdruck und ebenfalls zur Stimmbildung bei.

Fahren Sie mit dem Erforschen der Gesichtsformen fort, während Sie summen, sprechen und singen. Fühlen Sie die Bewegungen, Schwingungen und Resonanzen, die den Klang hervorrufen. Reagieren irgendwelche Bereiche empfindlich auf die Berührung? Wenn ja, bearbeiten Sie sie sanft mit kleinen kreisenden Bewegungen der Daumen, um die hier gestauten Spannungen zu lösen (siehe Seite 78).

Musik ist das Tor zur Selbsterfahrung. Vor allem Kinder sind dafür offen und oft eher bereit als Erwachsene, sich selbst mit Hilfe von Instrumenten und Gesang auszudrücken.

SELBSTERFAHRUNG DURCH KLANG

Tonleitern singen

Gewiss erinnern Sie sich daran, wie Sie in der Schule Tonleitern singen mussten, mit dem eingestrichenen c' beginnend: do re mi fa so la ti do. Versuchen Sie sich nun die Tonleitern wie eine Treppe vorzustellen, auf der die Töne die Oktaven auf- und absteigen. Spielen Sie damit. Finden Sie so einen freien Zugang zu anderen Formen von Musik, denn alle Melodien steigen auf und diesen Sprossen des Klangspektrums auf und ab.

Übung mit dem eigenen Namen

Ein Name ist ein fliessendes Ganzes zusammenhängender Laute. Sprechen Sie Ihren Namen mehrmals langsam und sorgfältig aus. Achten Sie dabei auf Ihren Atem und die Stellungen und Bewegungen der Lippen und der Zunge. Als nächstes wiederholen Sie Ihren Namen in seinem natürlichen Rhythmus. Zum Beispiel: Anna Maria Müller. Beachten Sie, wie die Betonung ein rhythmisches Muster formt: An-na-Ma-ri-a-Mü-ller. Sprechen Sie den Rhythmus, klatschen Sie ihn, gehen Sie ihn, klopfen Sie ihn mit Händen und Füssen. Nun wandeln Sie den Namenstakt in eine Tonfolge um, und singen Sie ihn als Lied. Probieren Sie verschiedene Melodien aus. Fühlt sich eine als die «richtige» an? Gut. Doch bedenken Sie, dass die «richtige» Melodie morgen schon anders klingen kann, denn diese Übung zeigt nur, wie Sie sich gerade jetzt im Moment fühlen! Einige Hinweise zur Interpretation:

An-na Ma-ri-a Mü-ller: Sie fühlen sich ausgeglichen, ruhig, wach und leistungsfähig. Kurze Pausen sind ein Anzeichen für Präzision.
Ann' M'ria Müll'r: ein Minimum an Vokalen und wenig ausgeprägte Tonhöhe und Rhythmus spiegeln eine schlechtere Verfassung. Sie fühlen sich vielleicht traurig, unsicher oder einsam.
An--na Ma-ri--a Mül--ler, mit Selbstbewusstsein, laut und deutlich, in einem Atemzug gesprochen, lässt auf Zuversicht und Lebenskraft schliessen. Ihre Absichten beruhen auf klaren Vorstellungen, doch sind Sie möglicherweise ruhelos und könnten von Entspannung und Meditation profitieren.

Nun gebrauchen Sie Ihre kreative Vorstellungskraft, und lassen Sie Ihren Namen, gesprochen von der weisesten und freundlichsten Stimme, die Sie je gehört haben, in Ihrem Inneren erklingen. Dies ist die Stimme Ihres geheilten Ichs.

> **Falsche Töne**
> Es gibt keine wirklich falschen Töne. Es gibt jedoch an sich gute Töne, die zur falschen Zeit am falschen Platz stehen. Töne, die besonders falsch scheinen, kommen den richtigen am nächsten. Solche falsch eingesetzten Energien sind weniger resonant und harmonisch als die sie umgebenden klangvollen Töne. Sie verklingen schnell wieder.

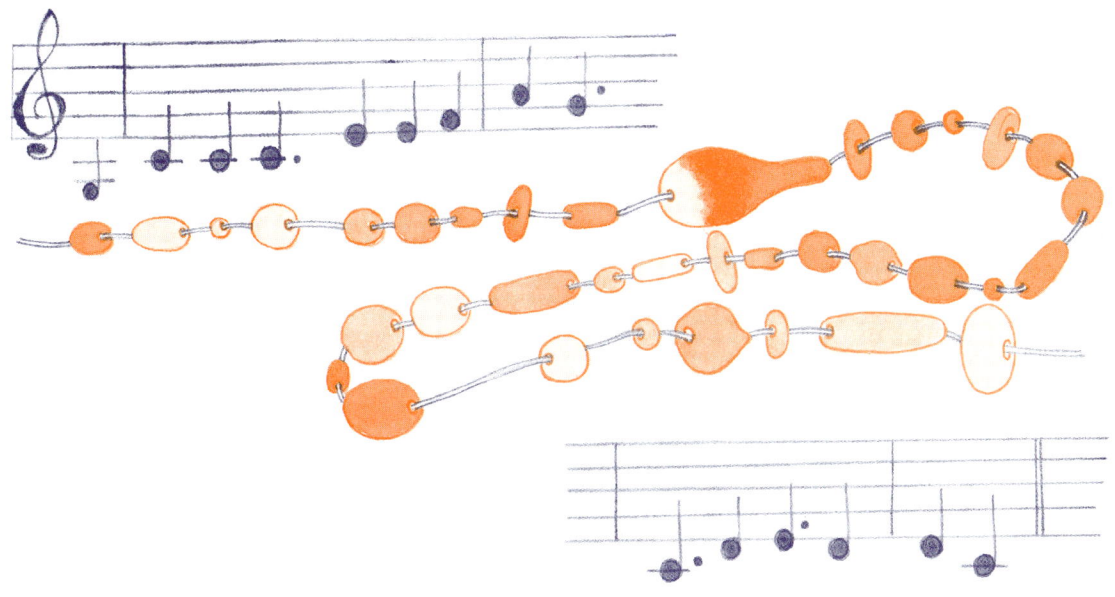

Diese Darstellung veranschaulicht bildlich die «Klangkette» eines irischen Seemannsliedes mit einer freien Wiedergabe der Tonfolge. Die Farben der Perlen entsprechen der Tonhöhe oder Frequenz jedes Tones, wobei höhere Noten heller sind. Die Perlenformen bilden die Vokale ab, das Öffnen und Schliessen der Lippen bei deren Aussprache und Betonung.

Klangketten-Übung

Eine interessante Methode, die eigene Stimmbildung und Tonerzeugung zu untersuchen, ist, sich die Worte und Zeilen eines Liedes als eine Reihe von Formen und Farben vorzustellen, die durch den Atem verbunden werden. Singen Sie ein einfaches Volkslied leise vor sich hin, und stellen Sie sich die Töne in dieser Weise vor. Das Ergebnis ist eine «Kette» aus Klängen, wie sie oben abgebildet ist.

Der Atem ist der Faden, der die Kette zusammenhält; er ist von entscheidender Bedeutung. Er muss fest und biegsam und zwischen den einzelnen Perlen sorgfältig geknotet sein. Diese «Atemknoten» sind die Konsonanten, die den Vokallauten Raum geben. So wie der Knoten eine erstaunlich grosse Menge Faden braucht, benötigt das Hervorbringen von Konsonanten auch viel Atem.

Machen Sie sich mit Ihrer Stimme und Ihren Artikulationen vertraut, indem Sie mit den verschiedensten Melodien in dieser Weise experimentieren. Benutzen Sie richtige Perlen, oder modellieren Sie Ihre eigenen «Vokalperlen» aus Ton oder Wachs. Hören Sie genau auf die Töne, und formen Sie die Perlen so lange, bis sie genau der Vokalqualität entsprechen, die Sie wünschen. Wählen Sie einen besonderen Faden, um den Atem zu repräsentieren, denn er ist das Herz der Musik, so wie der Faden auch den Zusammenhalt der Kette bewirkt.

SELBSTERFAHRUNG DURCH KLANG

Die regelmässigen Schritte der Tonleiter haben noch eine weitere Dimension. Die Tonleiter kann symbolisch verstanden werden als die menschliche Fähigkeit, auf verschiedenen Ebenen glücklich zu sein, gelenkt vom Herzen, sich frei durch die ganze Bandbreite der Lebenserfahrungen zu bewegen. Heutzutage haben viele Menschen den Zugang zu ihrer Seele und der Fülle unmittelbaren Gefühls verloren, von Freundlichkeit bis zu wahrer, tiefer Liebe, von Hingabe bis zu alles verzehrender blinder Leidenschaft. Diese vielen Schattierungen bilden eine Tonleiter der Emotionen. Viele alte medizinische Systeme führen Probleme zurück auf das Verleugnen des Herzens, was zum Unterdrücken und Abblocken der Gefühle führt. Die Stimme kann zwischen dem Bewussten und dem Unbewussten die Verbindung wiederherstellen und dadurch das Herz in äusserst heilkräftiger Weise der «Tonleiter» der Emotionen öffnen.

Eine Folge von aufeinander aufbauenden Körperstellungen begleiten die Noten der Tonleiter. Sie können sich diese Noten und Bewegungen als Entsprechungen der Schritte auf der «Tonleiter» Ihrer Gefühle und Empfindungen vorstellen. Dies befähigt Sie, Ihre Gefühle zu lenken und sogar zu beeinflussen, indem Sie sich innerlich die Klänge und Körperstellungen vorstellen, die der angestrebten Gefühlslage entsprechen.

Übung zum Tonleiter-Singen

Das Singen von Tonleitern hilft, schrittweise die Verbindung von Emotionen, Bewegungen und Stimmbildung herzustellen. Versuchen Sie es mit der bekannten Tonleiter, die mit dem eingestrichenen c' beginnt: do, re, mi, fa, so, la, ti, do. Singen Sie die Tonleiter in dem von Ihnen selbst gewählten Tempo auf und ab, begleiten Sie die Töne mit den unten angegebenen Körperstellungen. Lassen Sie die Schritte zu einem Tanz werden: Lassen Sie eine Note aus, noch eine andere und dann einmal zwei, zum Beispiel do-mi-so-do, während Sie gleichzeitig auch die entsprechenden Bewegungen weglassen. Dies verwandelt die Tonleiter in ein Arpeggio, eine Serie von nacheinander erklingenden Noten, die einen Akkord formen, so als würden die Saiten eines Akkordes auf der Gitarre nacheinander gezupft werden.

SELBSTERFAHRUNG DURCH KLANG

Übung zur inneren Stimme

Bei dieser Übung steht der Beckenbereich im Mittelpunkt, das Zentrum der Gefühle und Empfindungen (siehe Seite 118). Legen Sie sich auf den Boden, indem Sie die erste Position einnehmen (unten), und folgen Sie der beschriebenen Bewegung in die zweite Position; halten Sie diese, und machen Sie einen tiefen Atemzug. Beim Ausatmen öffnen Sie den Mund und machen Sie – nicht zu laut – den Ton, nach dem Ihnen gerade ist. Gleichzeitig senken Sie das Becken sanft zurück auf den Boden; wenn es den Boden berührt, lassen Sie der Stimme freien Lauf, solange bis sie von alleine verklingt. Wiederholen Sie diese Übung etwa sechsmal. Die Tonhöhe Ihrer Stimme mag dabei etwas schwanken, was darauf hinweist, dass Sie jene Gefühle freisetzen, die im Kreuz- und Lendenbereich festsassen.

Erste Position Legen Sie sich bequem auf den Boden, Arme locker an der Seite. Machen Sie sechs entspannte Atemzüge, dann beugen Sie die Knie, und stellen Sie die Fussohlen auf den Boden (links).

Zweite Position Mit den Armen auf dem Boden heben Sie das Becken so hoch, wie es angenehm möglich ist (rechts). Atmen Sie einige Sekunden normal, dann machen Sie einen tiefen Atemzug, senken Sie das Becken, und lassen Sie dabei einen Ton heraus. Wenn das Becken den Boden berührt, lassen Sie den Ton noch voller erklingen.

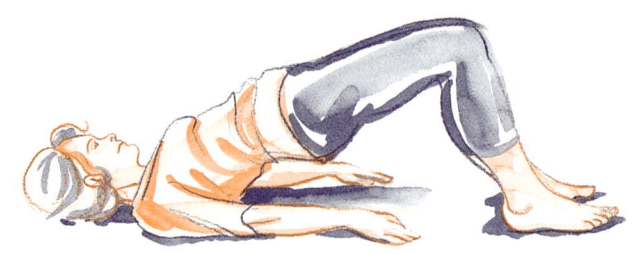

*Jedes Problem ist dazu da, gelöst zu werden.
Jedes Problem wartet auf seine Antwort.
Jedes Problem ist eine Tür, die geöffnet werden will.*

Olivea Dewhurst-Maddock

Innere Stimme und Körperhaltung

Ihre innere Stimme ist jene lautlose kleine Stimme, die tief in Ihnen existiert. Kann sie frei fliessen, durchdringt und stärkt sie die stimmliche Äusserung Ihrer Persönlichkeit. Die innere Stimme kann aber auch gehemmt und behindert werden durch innere Spannungen und unterdrückte Gefühle. Solche Blockaden manifestieren sich oft als muskuläre Verspannungen, eine Art «Panzerung», wie sie unten beschrieben wird. Sie können die innere Stimme dazu verwenden, Ihren Körper bewusster wahrzunehmen, ein harmonischeres Körpergefühl zu erlangen, Gefühle freizusetzen und die kreative Vorstellungskraft zu entwickeln.

Klang- und Bewegungsübungen können helfen, die innere Stimme zu befreien. Jede Übung kann speziell bestimmten Körperteilen angepasst werden und führt zur Freisetzung verschiedenartigster Töne – ein Ausdruck dafür, dass in verschiedenen Körperbereichen unterschiedlichste Probleme festsitzen. Ein Beispiel einer solchen Übung ist auf Seite 72 beschrieben. Nach demselben grundlegenden Verfahren können auch Töne aus anderen Körperregionen freigesetzt werden (Übungen Seite 74 bis 77).

Die Töne, die der Körper während solcher Aktivitäten hervorbringt, sind selten klangschön, musikalisch oder angenehm anzuhören. Sie können – als Spiegel des jeweiligen emotionalen Zustands – ungewöhnlich tief oder hoch scheinen. Lassen Sie sich dadurch nicht beunruhigen, jeder Ton ist gut. Sie lernen negative Einflüsse erkennen und sich von ihnen zu befreien und lassen dadurch Körper und Geist stimmiger und harmonischer werden. Dies wird sich in Ihrer Stimme und in Ihrer Körperhaltung niederschlagen.

Konzentrieren Sie sich in diesen Übungen auf die Bewegungen, nicht auf die Töne. Mit der Wiederholung der Übungen wird die Tonhöhe ansteigen: ein Zeichen dafür, dass Spannungen und Probleme abnehmen.

Aufbrechen des «Körperpanzers»

Der Körper ist ein Spiegel durch Gewohnheit gebildeter Gefühlshaltungen und Einstellungen. Er ist durch diese Einflüsse geformt. Im Laufe des Lebens entwickeln sich Bereiche selbstauferlegter Verhärtung und Anspannung, welche die Körperhaltung beeinflussen. Diese Bereiche signalisieren, bildlich gesprochen, eine Unfähigkeit, sich auszudrücken oder zu empfangen, ein Zustand,

SELBSTERFAHRUNG DURCH KLANG

den ich «Körperpanzerung» nenne. Die «gepanzerten» Bereiche bleiben gewöhnlich unbemerkt und kaum wahrgenommen – und doch sind sie Anzeichen von Schmerz, Furcht, Zurückweisung und Scham. Einige reichen mit ihren Wurzeln zurück bis in die Zeit im Mutterleib, andere ins Säuglingsalter oder in die Kindheit; wieder andere werden im Laufe des Erwachsenenalters erworben. Dauern sie an und häufen sie sich, können diese Spannungen unbemerkt zu einer Art Schild oder einer muschelartigen Schale verhärten, die zugleich schützt und gefangen hält.

Die Übungen auf Seite 74 bis 77 sind eine Anleitung zur Lockerung und Befreiung der am häufigsten von Spannungen betroffenen Körperteile. Für jeden Bereich sind mögliche Gründe der Blockade aufgeführt, gefolgt von Hinweisen auf ihren Zusammenhang mit den Körpersystemen, Funktionen und Problemen und entsprechenden Klanganwendungen, welche die Übungen unterstützen können. Widmen Sie sich einem Bereich nach dem anderen, oder beginnen Sie mit jenem, dessen Beschreibung am ehesten auf Ihre eigene Situation zuzutreffen scheint. Machen Sie eine oder mehrere der Übungen täglich etwa 15 Minuten lang. Diese Atem- und Stimmübungen können einen Prozess in Gang setzen, der Ihnen erlaubt, unterdrückte Gefühle anzunehmen und loszulassen. Beginnen Sie jede Übung zur Entspannung mit ein, zwei Minuten tiefem Atmen.

Beckenbereich *Stehen Sie, die Arme waagrecht ausgestreckt (1). Beugen Sie die Knie, und gehen Sie in die Hocke (2), indem Sie dabei ein «Uuh» ausstossen. Richten Sie sich auf und wiederholen Sie die Bewegung. Machen Sie das 10–20mal, indem Sie jedesmal den Atem mit einem «Uuh» ausstossen. Beginnen Sie auf einem tiefen Ton, der ansteigt, und dann wieder abfällt zur Anfangstonlage. Mit jedem Mal lassen Sie den Ton etwas lauter werden, und bringen Sie den Körper näher zum Boden (3). Dies lockert die Hüften und den Beckenbereich. Abschliessend legen Sie sich auf den Boden, rollen Sie sich zur Fötusstellung zusammen (4), und entspannen Sie sich so einige Minuten.*

1

Taillen- und Zwerchfellbereich *Boxen Sie in die Luft und stampfen Sie auf den Boden (1). Dann werfen Sie die Arme hoch und boxen Sie wieder mit den Fäusten in die Luft, indem Sie dazu «Uuh»-Laute ausstossen (2).*

2

3

Tun Sie dies 20–30mal. Dann legen Sie sich in der Erste-Hilfe-Stellung auf den Boden (3), und entspannen Sie sich einige Minuten.

1

Bauchbereich *(siehe Seite 76) Machen Sie mit den Hüften langsame kreisende und schwingende Bewegungen wie beim «Hula-Hoop», etwa zwei bis drei Minuten lang. Sagen Sie bei jeder Umdrehung «Uff!» (1). Dann entspannen Sie sich mit angezogenen Knien in Rückenlage (2).*

2

Beckenbereich

Ursachen der Blockade Starke Unterdrückung der Sexualität, die Vorstellung dass Sexualität etwas Verbotenes oder Beschämendes ist, möglicherweise in Verbindung mit überbetonter Sauberkeitserziehung; Zurückweisung oder widerstreitende Gefühle in Bezug auf den Beckenbereich.

Körperbezug Sexualfunktionen, Ausscheidungsvorgänge, Gehen und Stehen, Bodenkontakt, Gefühle von Sicherheit, Beständigkeit und Unabhängigkeit. Zurückhalten von alten Traumata oder Verweigerung der Instinkte.

Klangtherapie Hören Sie ethnisch inspirierte Musik mit machtvollen Rhythmen. Singen Sie beim Aufräumen und Putzen, beim Umgraben oder Laubfegen im Garten, auf der Toilette und bei dem zu therapeutischen Zwecken angewendeten Auflegen von Edelsteinen auf den Boden (siehe Seite 114).

Taillen- und Zwerchfellbereich

Ursachen der Blockade Unterdrückung der eigenen Kraft, Selbstbeherrschung im Sinne von Fremdbestimmung durch äussere Ereignisse statt aus sich selbst heraus; Anhalten des Atems, Ärger, Wutanfälle, Aufbegehren gegen offensichtliche Ungerechtigkeit; das Gefühl «verpasster» Gelegenheiten und der Verschwendung von Talenten, selbstzerstörerischer Stolz.

SELBSTERFAHRUNG DURCH KLANG

Körperbezug Wertende Haltung und Urteile; Gesundheitsprobleme wie zum Beispiel Magengeschwüre, Leber- und Gallenblasenbeschwerden; das Zurückhalten von Ärger und Verstimmtheit, die Weigerung, auf den eigenen inneren Willen zu hören.

Klangtherapie Hören Sie Kirchenmusikwerke, wie jene von Georg Friedrich Händel. Singen Sie in der Nähe von Wärmequellen, wie zum Beispiel einem Kamin- oder Gartenfeuer, einem Ofen oder auch der Zentralheizung. Singen Sie auch vor den Mahlzeiten.

1

Herz- und Brustbereich
Legen Sie sich in Bauch- und in Rückenlage auf viele Kissen und Polster (1).

2

3

Atmen Sie 1–2 Minuten lang rhythmisch, und sagen Sie dazu «Aah»-Laute. Erheben Sie sich, und schwingen Sie die Arme vor und zurück (oben), mit einem «Aah!» bei jedem Schwung. Entspannen Sie sich in Rückenlage mit ausgestreckten Armen (3).

Bauchbereich

Ursachen der Blockade Unterdrückung und Verdrängung von Gefühlen und Empfindungen, von Bedürfnissen, Ärger und Reaktionen «aus dem Bauch heraus»; Erfahrungen, als Kind hungrig gelassen oder zum Essen gezwungen worden zu sein, Bestrafungen für schlechtes Betragen; Erinnerungen, die, oft unbewusst, unverarbeitet blieben und als gärende Reste, bildlich gesprochen, zu einer Art schleichender Vergiftung führten.

Körperbezug Ernährung, Verdauung und Ausscheidung; Essen als Trost oder aber die Verweigerung jeder Nahrungsaufnahme wie bei der Magersucht; allgemein Unterdrückung oder Vernachlässigung der eigenen Gefühlsreaktionen (siehe auch die Übung auf Seite 75).

Halsbereich Neigen Sie zwei Minuten lang Ihren Kopf abwechselnd nach rechts und nach links, nach vorn und nach hinten, und sagen Sie bei jeder Bewegung ein tiefes «Aah». Bewegen Sie die Schultern kräftig auf und ab und sagen Sie dabei jedesmal «Aih!». Entspannen Sie sich, indem Sie sich eng zusammenrollen (unten).

Klangtherapie Hören Sie Streichquartette und Musik wie jene von Maurice Ravel. Singen Sie in der Umgebung von Wasser: im Bad, unter der Dusche, im Regen, am Meer oder beim Schwimmen.

Herz- und Brustbereich

Ursachen der Blockade Zurückweisung, Verweigerung von Liebe, Angst zu lieben, Unterdrückung von Zärtlichkeit und Mangel an Körperkontakt; durch Selbstbehauptung oder Unterwerfung getarnte Angst, Liebeskummer, Hartherzigkeit oder Herzlosigkeit.

Körperbezug Probleme in der Kommunikation mit anderen, Unterdrückung von Liebeskummer oder die Weigerung, Liebe zuzulassen; Herz- und Lungenbeschwerden wie etwa Bronchitis oder Asthma.

Klangtherapie Hören Sie sanfte, leichte, erhebende Musik (wie etwa «The Lark Ascending» von Vaughan Williams). Singen Sie draussen an der frischen Luft. Lassen Sie sich den Wind ins Gesicht blasen oder laufen Sie rückwärts gegen den Wind an.

Kieferbereich *(siehe Seite 78) Machen Sie einige Minuten lang Gesichtsübungen wie gähnen, zähneknirschen, die Wangen aufblasen, den Atem heftig ausstossen, Mund und Lippen dehnen, die Zunge herausstrecken. Spüren Sie, wie Sie beweglich und locker werden. Entspannen Sie sich in kniender Gebetshaltung (oben).*

Augenbereich *(siehe Seite 78). Bewegen und verziehen Sie das Gesicht. Blinzeln Sie, rollen Sie die Augen und reissen Sie sie weit auf. Legen Sie die Hände seitlich an den Kopf, sagen Sie laut «Iih!», und spüren Sie die Schwingungen (1). Tun Sie dann das gleiche, indem Sie die Hände an Stirn und Kinn halten (2). Entspannen Sie sich nach einigen Minuten, indem Sie eine bequeme Meditationsstellung einnehmen (3).*

SELBSTERFAHRUNG DURCH KLANG

Halsbereich

Ursachen der Blockade Ungewöhnlich traumatische Geburt, Erlebnisse von Verschlucken oder Erstickensängsten; Verschleimung oder Schnupfen; Gefühle, die nicht ausgedrückt werden, Verleugnung von Schönheit, sexuelle Frustration, Schock und Kummer.

Körperbezug Aufmerksamkeit und Konzentration; Sprach- und Hörbeschwerden; Verleugnung von Einschränkungen, mangelnde Wertschätzung der Kreativität.

Klangtherapie Hören Sie «Eine kleine Nachtmusik» von Wolfgang Amadeus Mozart. Singen Sie zu schöpferischen Tätigkeiten wie Schreiben, Lesen, Malen, Nähen und so weiter.

Kieferbereich

Ursachen der Blockade Essprobleme, Sprachschwierigkeiten, traumatisches Zahnen in der Kindheit; Mangel an Trost; die Erfahrung, nicht laut sprechen zu dürfen; vorgetäuschte Hilflosigkeit oder Unterwürfigkeit als «Überlebens»-Taktik; umständebedingtes sehr frühes oder sehr spätes Erwachsenwerden.

Körperbezug Zunge, Zähne, Lippen und Mund; sprachlicher Ausdruck; fortwährende Erkältungen und Entzündungen der Atemwege; Migräne; Aggressionshemmung (siehe Übung Seite 77).

Klangtherapie Hören Sie Streichmusik (z. B. das «Adagio» von Samuel Barber). Teilen Sie Ihre Erfahrungen, indem Sie jemandem vorsingen oder mit jemandem singen; singen Sie in Gruppen.

Augenbereich

Ursachen der Blockade Furcht vor der Dunkelheit; Erfahrung von Zwang, bestimmte Dinge ansehen zu müssen oder nicht «sehen» zu dürfen; erzwungene oder aufgedrängte intellektuelle Entwicklung; sich Zuneigung durch Leistungen erkaufen; der Zwang, erfolgreich, immer der oder die Beste zu sein.

Körperbezug Sehen und allgemeine Muskelkoordination; intellektuelle Fähigkeiten; Kopfschmerzen, geistiger Stress und Er-

Tonbefreiungs-Übung

Wenn Sie Schwierigkeiten haben sollten, den Atem frei aus Ihrem Innersten herausströmen zu lassen, insbesondere bei den relativ komplizierten Übungen wie den auf den Seiten 74–77 beschriebenen, versuchen Sie zunächst die folgende Übung (siehe auch Seite 45).

Stehen Sie aufrecht, Arme locker an den Seiten herabhängend. Neigen Sie sich mit gestreckten Beinen aus der Hüfte heraus nach vorne, und atmen Sie aus. Richten Sie sich wieder auf, und atmen Sie dazu ein. Heben Sie nun die gestreckten Arme seitlich an, bis sie einen Bogen über dem Kopf bilden, und legen Sie die Handinnenflächen aneinander. Halten Sie den Atem so lange an, wie es Ihnen angenehm ist. Wenn Sie wieder ausatmen, kehren Sie die ganze Bewegung um, lassen Sie die Arme wieder nach unten sinken, neigen Sie sich vor, und richten Sie sich wieder auf. Lassen Sie beim Nach-vorne-Beugen einen Ton erklingen. Diese Übung hilft, Stimmbildung und Bewegung zu koordinieren.

Musik ist höhere Offenbarung als alle Weisheit und Philosophie.

Beethoven

---

schöpfung, psychosomatische Erkrankungen; verzerrte zwanghafte oder fanatische Ansichten; Verdrängung schmerzhafter Erkenntnisse oder die Weigerung, der eigenen Wahrnehmung zu glauben und zu vertrauen (siehe Übung Seite 77).

Klangtherapie Singen Sie in der Dunkelheit und ins Leere hinaus: zum Nachthimmel, zum Mond, zu den Sternen und in der Dämmerung. Hören Sie sich die «Fantasie über ein Thema von Tallis» von Vaughan Williams an.

Selbstentdeckung und Musikinstrumente

Lassen Sie sich auf Ihrer Reise zur Selbstentdeckung und Selbsterkenntnis von einem Musikinstrument führen. Ein Instrument – mehr noch als die Stimme – gibt Ihnen die Möglichkeit, Töne zu erzeugen, die in Harmonie mit Ihrer Seele klingen. Lassen Sie sich bei der Wahl des Instrumentes von Ihrer Intuition und Ihrem spontanen Gefühl leiten, Ihren Vorlieben und Ihrem Können.

In vielen Kulturen gelten Musikinstrumente als die «Stimmen», mit denen die Natur nachgeahmt, bezaubert, besänftigt oder aufgerüttelt werden kann. Instrumente sind das Sprachrohr, durch das die Götter singen und sprechen können. Musizieren,

SELBSTERFAHRUNG DURCH KLANG

Hörübung

Diese meditative Übung kann Ihren Zugang zum Musizieren oder zu einem Instrument erleichtern und Ihre Hörfähigkeit erweitern. Hören Sie eine Aufnahme mit Streichmusik, vorzugsweise im Stil des Barock oder der Klassik. Stellen Sie sich vor, Sie wären zurückversetzt in die Werkstatt eines Instrumentenbauers des 17. oder 18. Jahrhunderts. Sie sind sein Lehrling, und Sie wissen bereits alles über die sorgfältige Planung, die Auswahl der Hölzer, die Monate harter Arbeit, die Enttäuschungen, die Fehler und die unendliche Geduld des Meisters. Sie reichen ihm die Werkzeuge, sorgen für das Feuer, kochen den Leim auf, machen für ihn Besorgungen in den engen Gassen des Städtchens. Jeden Tag fegen Sie die Holzspäne, die den Werkstattboden bedecken, zusammen. Sie sehen, wie das Instrument Form annimmt, wie es geschliffen und lackiert, wie es bespannt und gestimmt wird; in jeder Einzelheit ist es vollkommen. Endlich ist die lange und entbehrungsreiche Arbeit abgeschlossen. Sie teilen den Stolz Ihres Meisters, wenn er das Instrument in die Hände eines grosse Künstlers legt. Hören Sie, wie die Musik das Instrument zum Leben erweckt.
Jetzt spielen Sie die Aufnahme nochmals durch. Hören Sie hin!

wie unvollkommen es auch sei, wirkt heilend und ist eine Quelle tiefer Befriedigung.

Die Meisterung eines Musikinstrumentes erfordert Zeit, Anleitung und ständige Übung – ein Aufwand, der jedoch ein ganzes Leben lang Früchte trägt. Haben Sie erst einmal ein gewisses Mass an Können erworben, kann das Mitmachen in einer Musikgruppe oder einem Orchester die Möglichkeit musikalischer Erfahrungen und Begegnungen zusätzlich erweitern.

Instrumente erkunden

Versuchen Sie zunächst nur eine grundlegende Technik zu erlernen und zuerst eigene praktische Erfahrungen zu sammeln, bevor Sie sich zu einer langen Ausbildung und der finanziellen Auslage für ein Instrument entschliessen. Fast überall gibt es Musikvereine und -gruppen, die dazu gerne die Möglichkeit bieten. Verlieren Sie nicht den Mut, wenn sich Ihre erste Wahl eines Instrumentes oder einer Gruppe nicht gleich als Erfolg erweist. Suchen Sie weiter! Nehmen Sie an so vielen Konzerten teil wie möglich;

sprechen Sie mit Instrumentalisten; stellen Sie Fragen; informieren Sie sich aus Büchern und in Musikgeschäften. Finden Sie soviel wie möglich über das Instrument heraus, zu dem Sie sich hingezogen fühlen. Vergleichsweise günstige Instrumente für den Unterricht, wie sie in Schulen gebräuchlich sind, können mit ebensolcher Kunstfertigkeit und musikalischer Wirkung gespielt werden wie ihre teureren, oft ausgefallenen Verwandten aus dem Orchester. Erforschen und entdecken Sie die Klänge und Spielmöglichkeiten von Blockflöten, Klangstäben, Glockenspielen, Windspielen, Xylophonen, Vogelpfeifen, Rohrpfeifen, Tamburinen, und Zimbeln. Versuchen Sie es auch mit der verführerischen Vielfalt traditioneller Instrumente anderer Kulturen, die jetzt überall erhältlich sind.

Einfachste Instrumente können aus alltäglichen Gegenständen und leicht erhältlichen Materialien selbst gefertigt werden. Eine Bambusflöte herzustellen ist nicht schwierig; der flötenähnliche Ton, der damit erzeugt werden kann, ist zart und sanft. Biegen Sie einen festen Karton zu einem Halbzylinder, schneiden Sie seitlich Kerben ein und bespannen Sie ihn mit Gummibändern, um eine Zither herzustellen. Instrumente bauen macht Spass und ist eine Möglichkeit, die Prinzipien von Tonhöhe und Resonanz zu erforschen.

Unterschiedlich hoch mit Wasser gefüllte Gläser oder Flaschen erzeugen verschiedene Töne; Sie können sie wie ein Xylophon spielen. Stimmen Sie die Töne, indem Sie Wasser hinzu- oder ausgiessen. Auch Kochtöpfe oder Blumentöpfe aus Ton, nach Grösse geordnet, können in Xylophone oder Marimbas umgewandelt werden.

KLÄNGE ZUR MEDITATION

Unsere moderne Wissenschaft hat eine grosse Bewegung hin zur Einheit der Natur vollzogen. Physiker suchen nach den Geheimnissen der Quarks, der grundlegenden Teilchen der Materie, dem Schlüssel zu einer umfassenden Theorie, die Elektromagnetismus, Schwerkraft und andere Naturkräfte zusammenführt. Kosmologen schauen zurück zum Beginn, dem Urknall, als Zeit, Materie und Energie eins waren, und sie blicken voraus, der letzten Vereinigung entgegen.

Parallel zu dieser wissenschaftlichen Forschung verläuft unsere eigene Suche nach Ganzheit: Mit wachsender Dringlichkeit strebt die Menschheit nach Sinn, Heilung, ganzheitlichem Leben und nach einer Spiritualität, die die ganze Vielfalt religiöser und philosophischer Systeme umfasst. Eine Antwort darauf ist die Meditation, denn durch Meditation können wir die Vereinigung des Bewusstseins mit der Natur, unserem Planeten und letztendlich mit dem Universum erlangen. Die folgenden Seiten zeigen die Verwendung von verschiedenartigen Klängen und Musik zur Meditation. Sie helfen Ihnen, die grundlegende Verbindung herzustellen, die es Ihnen erlaubt, mit dem Universum eins zu werden.

Musik und Mantras

Die Bedeutung der Musik für die Meditation liegt darin, dass sie über sich selbst hinausführt, in die «Stille», aus der sie entspringt und zu der sie zurückkehrt. Das Erzeugen von Musik bedarf einer Hinwendung, eines Hineinhörens, durch welches das Bewusstsein an die Schwelle des Einfliessens in die Ganzheit gelangt – dorthin, wo die Begrenzungen der normalen Wahrnehmung überschritten werden können, und sei es auch nur für einen noch so kurzen Augenblick.

Das Sprechen oder Singen von Mantras (siehe Seite 92/93) ist eine uralte und bewährte Methode, diese Befreiung des Bewusstseins zu erreichen, und dies auf fast unglaublich einfache Weise. Mantras sind einfache, kraftgeladene Lautfolgen, die Quintessenz der Musik, eine Brücke zwischen der individuellen Stimme und dem ursprünglichen Klang der Stille, dem Om. Der Weg zur Erlangung der Einfachheit ist Loslassen: Lassen Sie das armselige Erdendasein los, und gestatten Sie Ihrem Geist, ins Reich der Einheit einzutreten.

Beginnen Sie damit, dass Sie sich in natürliche Klänge versenken: das Meer, einen Bergbach, Wind, Regenfall, Vogelsang, Bäume und Tiere, den Klang Ihrer Schritte, die Geräusche im Inneren

Ein jedes Ding mit dem anderen verbunden durch unsterbliche Kraft, verborgen, nah oder fern. Rühr' an eine Blume, und du rührst an einen Stern.

Francis Thompson

Fliessendes Wasser bringt endlose besänftigende Töne hervor, vom ruhigen Murmeln der Wellen am Strand zum Rauschen eines Wasserfalles in den Bergen. Tauchen Sie ein in die Welt des Wassers und benützen Sie es als ein Mittel zur Kontemplation.

KLÄNGE ZUR MEDITATION

des Körpers, besonders den Klang des Atems. Beachten Sie, dass jeder natürliche Klang, jede bewusste Äusserung, jeder gesungene Ton auf vier Ebenen verstanden werden kann, jede etwas weiter der gewohnten physischen Welt mit ihrer bewussten Wahrnehmung entrückt.

Die erste Ebene ist die des hörbaren Klangs, das physikalische Ergebnis von molekularen Schwingungen und Wirkungen in unterschiedlichster Ausprägung von Stärke und Qualität, wie sie zu unserem Ohr gelangen.

Die zweite Ebene ist die der Gedanken und Gefühle in und hinter den Klängen. Damit die physische Stimme echt klingt, muss der Sänger zuerst in seinem Inneren «singen», was ihm durch den Kopf geht.

Die dritte Ebene sind, bildlich gesprochen, die «Klangsamen», aus denen Wurzeln und Zweige der Musik und Sprache wachsen. Klänge sind die Samen, aus denen ein vollbelaubter Baum wächst, jedes Blatt ein Ton oder ein Wort einer Sprache oder einer Musiktradition. Die Samen tragen die Möglichkeit der Mitteilung und des Verstehens in sich. Denn wenn der Baum blüht, trägt er Früchte und diese wiederum Samen. In dieser Weise entstehen mit der Zeit neue Sprachen und neue Formen der Musik. Das Baum-Symbol taucht in vielen Traditionen auf, als Weltenbaum, als Baum des Lebens und als Baum der Weisheit.

Die vierte Ebene ist die der unhörbaren und unfassbaren Töne des *Anahata*, des universellen Herzens, aus dem die ganze Symphonie der Schöpfung geboren wurde (siehe Übung Seite 85). Es heisst, dass auf dieser höchsten Stufe der Verfeinerung der Klang sich mit dem Licht vereint, zur ursprünglichsten Erscheinungsform des Wortes, dem Om. Und doch können manche Menschen etwas von diesem höchsten und heiligsten aller Klänge in ihrem Innern spüren, so als würden sie tief in ihrer Seele «hören». Diese inneren Töne können von Mystikern und übersinnlich Begabten wahrgenommen werden. Sie beschreiben sie als dem Donner, Glockenklang, Flötentönen oder dem Summen von Bienen ähnlich, jedoch von einer Zartheit und Reinheit jenseits allen weltlichen Klanges.

Meditation schafft den Zugang zu einer Ahnung von diesen Welten. Wer solche lautlosen Klänge wahrnimmt, erkennt sie sofort und wird wohl kaum darüber sprechen müssen. Es hat jedoch keinen Sinn, die Erfahrung erzwingen oder sie bewusst herbeiführen zu wollen.

Das Sanskrit-Symbol des Om, manchmal auch «das erste Mantra» genannt. Der untere Bogen repräsentiert den Traumzustand, der Bogen nach links oben den Wachzustand, der von der Mitte nach rechts auslaufende Bogen entspricht dem tiefen, traumlosen Schlaf zwischen den beiden. Der Halbmond oben rechts steht für den Schleier der Illusion, Maya, und der darüberliegende Punkt entspricht dem transzendentalen Zustand.

Es gibt nur einen Weg, auf dem sich diese subtilen Klänge zeigen: indem Sie Ihr Herz öffnen und mit Herz und Seele, nicht mit Ohr und Verstand, den Klängen und dem Widerhall des Unhörbaren, aber dennoch Wahrnehmbaren lauschen.

Übung zum Herzklang
Zur Einstimmung auf die Töne Ihres Herzens summen oder singen Sie einen Vokalklang wie das «Ooo». Beginnen Sie in einer Tonlage, die unter dem eingestrichenen c' liegt. Lassen Sie nun Ihre Stimme sanft und langsam im Ton ansteigen, wie eine Sirene. Machen Sie ohne Hast so viele Atempausen wie nötig. Stellen Sie sich vor, dass der Ton mit zunehmender Tonhöhe langsam vom unteren Ende Ihrer Wirbelsäule aufwärts steigt. An bestimmten Stellen auf diesem Weg werden Sie vielleicht eine Reaktion spüren: ein leichtes Druckgefühl, zusätzliche Resonanz, Hitze oder Kälte oder ein leichtes Zittern Ihres Atems. Diese empfindlichen Punkte stimmen möglicherweise mit einem der speziellen Energiezentren in der Wirbelsäule überein, den Chakras, die auch spirituelle Bedeutung haben (siehe Seite 118). Arbeiten Sie sich langsam weiter vor, um weitere Töne für andere Chakras zu finden. Singen, hören und spüren Sie intensiv in Ihre Wirbelsäule hinein, bis Sie die Schwingung Ihres Herz-Chakras im Innersten der Brust erreichen und wahrnehmen.
Bleiben Sie eine Weile bei diesem Ton, und geniessen Sie die Empfindungen. Dies ist die Tonlage, zu der Sie zurückkehren sollten, um eine «Brücke» zu bauen zwischen der alltäglichen physischen Welt und dem alles umfassenden, in seiner Ganzheit unbegreiflichen Kosmos. Es ist auch das Zentrum, von dem aus Sie Ihrer Stimme einen reicheren, bedeutungsvolleren Ausdruck verleihen können. In manchen östlichen Traditionen wird diese Tonlage auch «Herzton» genannt. Sobald Sie ein sicheres Gefühl für diesen Ton haben, fahren Sie fort zu den höheren Tonlagen und den höheren Chakrazentren Ihrer Wirbelsäule. Singen Sie sanft, ohne Drängen oder Zwang. Stellen Sie sich vor, dass die Töne unterhalb des Herztones aus den Kräften und Elementen der Erde aufsteigen und die darüberliegenden aus dem Kosmos der spirituellen Energien herabfliessen. Beide Ströme treffen sich in Ihrem Herzen und breiten sich von dort aus als Ihr Lied.

Geschichtliche Zeugen zu Mantras und Meditation

In den verschiedenen Kulturen wurden und werden Mantras und heilender Gesang mit verschiedenen konkreten Gegenständen verknüpft. Einsiedler in der Wüste und keltische Priester benützten für ihre heiligen kultischen Handlungen mannshohe Felsbrocken, die entsprechend der angestrebten Wirkung in bestimmter Weise angeordnet und ausgerichtet wurden. Geknüpfte Bänder, Fransen und Kieselsteine dienten dazu, die mantrischen Wiederholungen abzuzählen. Ein ganz ähnliches Prinzip liegt wohl auch dem Rosenkranz des abendländischen Christentums zugrunde.

Chanten, rhythmisch wiederholtes, Versenkung bewirkendes Singen, ist ein zentraler Bestandteil der frühen Religionen von Ost und West, der Alten und der Neuen Welt. Buddhistischer Mönch bei einer Friedenszeremonie.

Annäherung an Mantras

Jedes echte Mantra hat eine ganz eigene, einzigartige melodische Form, sozusagen eine eigene Chladnifigur (siehe Seite 30). Diese melodische Form bestand seit ewigen Zeiten. Dem Mantra wohnt gesammelte Energie inne, die durch Alter und Wiederholung ein «Eigenleben» gewinnt. Beispiele von Mantras finden Sie auf den Seiten 92 bis 93. Mit der Zeit wird das Mantra zu einem geachteten Freund, einem Kraftspender, der Sie auf Ihrem Weg unterstützt.

Wie konnten Mantras die Zeiten überdauern? Viele ehrwürdige, alte Mantras offenbaren sich Mystikern und Visionären in tiefster Meditation. Etwas von deren Tugenden und Errungenschaften wird durch den Klang ins Herz des Schülers übertragen. Diese heiligen Klänge sollen, so glaubt man, mittels der Meister der Weisheit aus den Bereichen des *Anahata* herabgestiegen sein und als geheiligtes Mittel zur Öffnung und Weiterentwicklung des Geistes von nachfolgenden Generationen von Schülern bewahrt worden sein.

Mantras sind in gewisser Weise zeitlos: Sie werden ständig vergessen und wiederentdeckt, sind zugleich neu und alt; ihre Quelle, Macht und Sinn sind Teil der Ewigkeit. Von den traditionellen buddhistischen Gesängen bis zur aufrichtigen Hingabe, die Sie aus Ihrem eigenen Herzen in ein Lied einfliessen lassen – sie alle sind Fäden im Geflecht der Mantra-Tradition, aus dem das ewige Gewand der Einheit gewoben ist.

Sich in Mantras zu vertiefen und sie anzuwenden ist eine Lebensaufgabe. Falls Sie sich zur Meditation und zu diesem Gebiet der Klangtherapie hingezogen fühlen, lassen Sie sich von einem erfahrenen Meister darin einführen. Bedenken Sie dabei immer, dass alles seine Zeit braucht oder, um in einem Bild zu sprechen, wenn der Schüler bereit ist, wird auch der Lehrer erscheinen.

Mantras als «Worte der Macht»

Mantras werden oft als «Worte der Macht» verstanden. Im Laufe der Geschichte wurde diesen besonderen Klangformeln immer wieder die Macht zugeschrieben, Materie zu verwandeln, natürliche Vorgänge umzukehren, Gegenstände zu materialisieren und zu entmaterialisieren und Ereignisse zu beschleunigen. Die richtige Verwendung solcher Wirkungen liegt jedoch ausserhalb unserer irdischen Möglichkeiten. Sie ist Wesen vorbehalten, die die lebende Verkörperung der Liebe selbst sind, die nicht nach persönlichem Gewinn oder Vorteil streben, Wesen, die nichts verlangen und nichts beweisen müssen.

Auf unsere eigene bescheidene Existenz bezogen, bestehen die «Worte der Macht» darin, dass sie Furcht in Mut, Verwirrung in Weisheit, Zaudern in Vertrauen und Leid in Freude zu verwandeln vermögen.

Chanten

Das Chanten findet zunehmend Verbreitung als ein Weg zur Beruhigung und zur Erneuerung der Energien; zugleich bietet es die Möglichkeit spiritueller Erfahrung und der Vereinigung mit dem Kosmos. Heilige Gesänge, Psalmen, Mantras und Hymnen wurden seit alter Zeit als Quelle des Trostes und der Inspiration angestimmt. Chanting-Techniken, wie das Obertonsingen (siehe gegenüber), können in Verbindung mit Meditation heilend wirken, indem sie eine klangvolle Harmonie zwischen der menschlichen, irdischen und der himmlischen Existenz herstellen. Die *Veden,* die ältesten heiligen Texte Indiens, drücken diese Vorstellungen in einer religiösen Sprache aus, die dem modernen abendländischen Menschen nur schwer verständlich ist. Die folgende Beschreibung der vier Stufen des Chantens geschieht daher in freier Wiedergabe, die jedoch den Geist des Originals noch spüren lässt.

Zunächst ist Stille und Formlosigkeit.

Dann bringt das schöpferische *Wort* den Kosmos hervor und das Zusammenspiel aller Energien.

In einem dritten Schritt hört das individuelle Bewusstsein das *Wort,* erkennt es und fügt die einzelnen Teile zum Ganzen, durch Singen in Form einer «Opferung» des Gesanges.

Der vierte Schritt führt zur Erfüllung in der Wiedervereinigung.

Obertonsingen

Das Heilen durch die Vokalmeditation des Obertonsingens war lange eine geheimgehaltene esoterische Tradition. In den letzten dreissig Jahren haben viele Anhänger und Lehrer diese Technik in Europa und den Vereinigten Staaten allgemein zugänglich gemacht.

Obertöne gehören zu jedem Klang. Es handelt sich dabei um die zu einem bestimmten Ton gehörenden mit ihm erklingenden harmonischen Frequenzen (siehe Seite 24–25). Man könnte sie als die noch geschlossenen, eingefalteten Blütenblätter einer Blume beschreiben. Ziel des Obertonsingens ist, die Blume zu öffnen und ihre wahre Schönheit, Vollkommenheit und Zartheit zu offenbaren. Es ist wirklich verblüffend, klar und deutlich jedes für sich, die grundlegenden Elemente der Stimme und die mit ihnen gleichzeitig erklingende Reihe der Obertöne zu hören.

Obertonsingen ist eine jahrhundertealte Technik, die auf der ganzen Welt meist in religiösem oder rituellem Zusammenhang praktiziert wird: in Tibet, Sibirien, in der Mongolei und in Nordindien, in den buddhistischen Gemeinschaften Chinas und Japans, in den südamerikanischen Anden, in Europa in Bulgarien und Rumänien ebenso wie in Zentralafrika. Spuren dieser Technik finden sich in der spanischen Flamenco-Musik, die selbst indischen Ursprungs ist. Das Obertonsingen war vermutlich auch in den mittelalterlichen Klöstern bekannt; es ist leicht vorstellbar, wie sich der facettenreiche gemeinsame Gesang mit dem Hall der Kirchenarchitektur zu erstaunlichen Harmonien verbunden haben muss, für die das menschliche Ohr besonders empfänglich ist.

Das Obertonsingen kann heilend wirken, vermittelt innere Ruhe und Sicherheit sowie eine erhöhte Empfindsamkeit für äussere Geräusche und stellt einen grundlegenden meditativen Weg dar. Doch eine solch hochwirksame Technik ist nicht leicht zu erwerben. Übung und Schulung allein genügen nicht, um die Obertöne zu erfassen und hervorzubringen. Jede meditative Erforschung dieses «Klanges im Klang» ist einzigartig, ein immer wieder neues und völlig ungewisses Abenteuer, eine Reise ins Innere und zu universellen Gesetzen. Um das Obertonsingen zu erlernen, sollten Sie bei einem Lehrer, in einer Gruppe oder einem Kurs praktische und individuelle Anleitung suchen. So werden Sie Gelegenheit haben, zu hören und zu beobachten, wie Obertöne entstehen und wirken, und Ihre eigenen Erfahrungen mitzuteilen.

Um diese sehr speziellen Meditationsklänge selbst auszuprobieren, machen Sie die Übungen auf dieser und der folgenden Seite. Es gibt auf diesem Gebiet noch viel zu entdecken; gehen Sie es daher in aller Ruhe und ohne bestimmte Erwartungen an.

«Ein gutes Wort ist ein Name Gottes, erinnert und angerufen im Aufwärtsstreben zur Wahrheit.
Es ist wie ein Baum, fest verwurzelt im Zikr, in Anrufung, Gebet oder Mantram.
Wie Äste wächst die ungeheure Bedeutung der Anrufung ins Universum; reichen Früchten gleich ist die Ernte, die sie hervorbringt.»

Abu Bakr Siraj al-Din

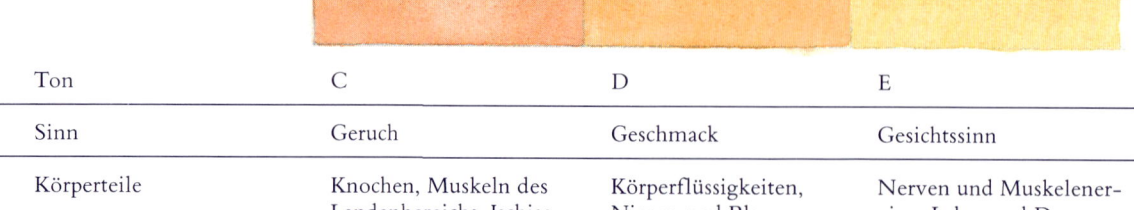

Ton	C	D	E
Sinn	Geruch	Geschmack	Gesichtssinn
Körperteile	Knochen, Muskeln des Lendenbereichs, Ischiasnerv, Hüften, Gesäss, Enddarm, Beine, Knöchel, Füsse, Prostata, roter Blutfarbstoff; gleicht mangelnden Ich-Bezug aus	Körperflüssigkeiten, Nieren und Blase, Lymphatisches System, Fortpflanzungssystem, Fettablagerungen, Haut; verbindet physische und geistige Energie	Nerven und Muskelenergien, Leber und Darm, Solarplexus, Milz, Nieren, Zellerneuerung; regt intellektuelle Aktivitäten an
Heilwirkung bei	Schlechte Durchblutung, Blutarmut (Eisenmangel oder andere Störungen), Lähmung, geschwollene Knöchel und kalte Füsse, Kreuzschmerzen, steife Gelenke, Verstopfung oder Durchfall, Schwierigkeiten beim Wasserlassen; Melancholie	Asthma, Bronchitis, Gicht, Gallensteine, Fettleibigkeit, Reinigung und Ausscheidung von Giften; Lethargie und Apathie	Verstopfung, Verdauungsprobleme, Blähungen, Leber- und Magen-Darmbeschwerden, Husten, Kopfschmerzen, schlechter Hautzustand, Schlaffheit, Antriebslosigkeit
Auswirkung auf	Dickdarm, Hals, Knie, Nase	Brüste, Geschlechtsorgane, Beckenboden, Füsse, Zunge	Kopf, Augen, Solarplexus, Nabelgegend, Oberschenkel

Musiktöne und ihre therapeutischen Anwendungen

Diese Übersicht zeigt die Verbindungen zwischen bestimmten Tönen und den Sinnen und Systemen des Körpers. Um die Funktionen eines bestimmten Körperteils zu verbessern, singen Sie Ihre Chants und Mantras in den entsprechenden Tonlagen, und hören Sie Musik, die auf diesen Tönen aufbaut.

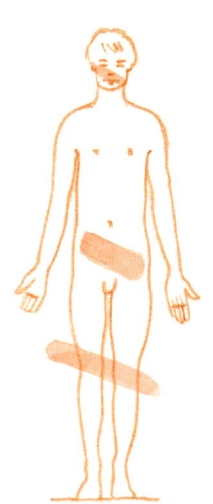

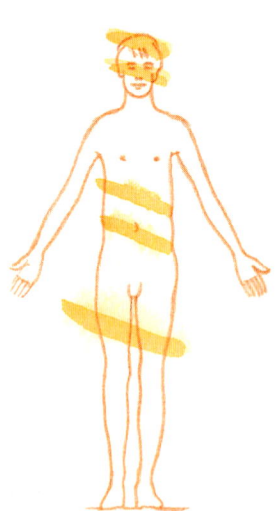

	F	G	A	H
	Tastsinn, Tastempfinden	Gehör	Intuition	–
	Herz und Lungen, Schultern, Arme, Hände, Hirnanhangdrüse und andere Hormondrüsen, Immunsystem, selbstregulierende Vorgänge wie zum Beispiel das Schwitzen; ein natürliches Antiseptikum, emotional besänftigend	Hals und Nacken, Blut und Kreislauf, Wirbelsäule und Nervensystem, Stoffwechsel und Wärmeausgleich, Ohren, Immunsystem, Gewebeerneuerung; fördert Extravertiertheit	Alle Sinne, Muskelreaktionen, -kontrolle und -koordination, Schmerz und Schmerzunterdrückung, Bluterkrankungen	Blut, Flüssigkeitsgleichgewicht von Natrium und Kalium, Calzium und Phosphor, Eisen, Jod und anderen Mineralien, Anregung der Milz; hilft bei der Meditation
	Heuschnupfen und Allergien, Erkältungen, Traumata und Schockzustände, Koliken, Geschwüre, Erschöpfung, Schlaflosigkeit, Erregbarkeit, hoher Blutdruck, Rückenschmerzen, trockene Haut	Hals-, Mandel- und Rachenentzündung, Kopfschmerzen, Augenprobleme, Hautstörungen und Jucken, Erbrechen, Muskelkrämpfe, Menstruationsbeschwerden, Fieber; sammelt die Aufmerksamkeit und beruhigt	Alle nervösen Beschwerden, Zuckungen, Gleichgewichtsstörungen, starkes Bluten, Atembeschwerden, Schwellungen, Lähmungen, Gürtelrose, Zwangsvorstellungen; beruhigende Wirkung	Neuralgien, Krämpfe und entzündliche Schmerzen, Drüsenstörungen, Immunschwäche, gestörte Vitaminaufnahme, Kropf, nervöse Störungen; stellt Selbstachtung wieder her
	Nieren und Nebennieren, Schultern, Brust, Dickdarm, Unterschenkel, Knöchel	Fortpflanzungssystem, Speichel, Haare	Kreuzbein (unteres Ende der Wirbelsäule)	Ganzer Körper

 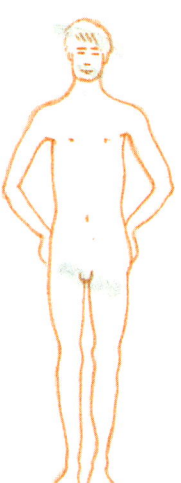 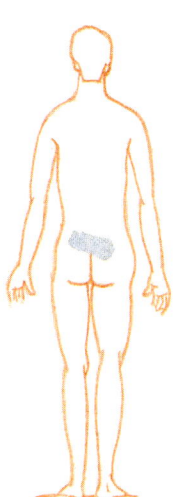 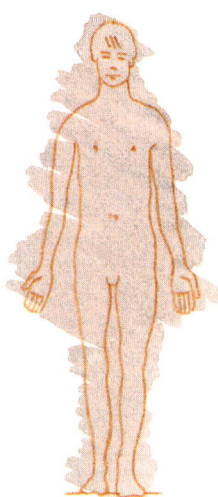

KLÄNGE ZUR MEDITATION

AUSGEWÄHLTE MANTRAS

Buddhistische Mantras

Buddhistische Mantras stehen mit Mandalas in Verbindung, Sinnbildern des Kosmos. Sie werden angewendet mit Gebetsmühlen und Perlen zum Abzählen. Das 108malige Wiederholen eines Mantras verheisst Glück, denn die Zahl 1 bedeutet das Absolute, 0 den Kosmos, 8 die Unendlichkeit.

Gate, Gate, Paragate, Paramsagate Bodhi Svaha *Fort, fort, fortgegangen zum anderen Ufer, sicher hinübergelangt zum anderen Ufer, Erleuchteter*

Namo Buddya, Namo Dharmaya, Namo Sanghaya *Ich nehme Zuflucht bei Buddha, ich nehme Zuflucht im Dharma, ich nehme Zuflucht in der Sangha*

Bhagavan Sarva Tathagatha *Seid alle gesegnet, Ihr Buddhas!*

Om Ah Hum *Die Dreifaltigkeit der Kraft: Schöpfung, Erhaltung, Auflösung*

Om Tare Tutare Ture Swaha *Gelobt sei Tara*

Namo Amitabha *Ich suche das Licht bei Buddha*

Om Mani Padme Hum *Gelobt sei das Juwel im Lotus*

Sikh Mantra

Eck Ong Kar Sat Nam Siri Wha Guru *Der Höchste ist eins, seiner Namen sind viele*

Hindu Mantras

Tat Tuam Asi *Du bist Es*

So ham *Dies bin ich*

Hare Krishna *Gelobt sei Krishna*

Hare Rama *Gelobt sei Rama*

Om Nahmah Shivaya *Om meine Verehrung für Shiva*

Shanti Shanti *Frieden, Frieden*

Mantras mit besonderen Heilwirkungen:
Hrim *Halsbereich*
Hrum *Leber und Milz*
Hraim *Nieren, Wasserausscheidung*
Hraum *Ausscheidungsorgane*
Hra *Herz und Brust*

Islamische Mantras

Allah, Allah *Gott, Gott*

La Illaha Illa'llah *Es gibt keinen Gott ausser dem einen Gott*

Insha Allah *So Gott will*

Ya – Salaam *Gott, die Quelle des Friedens*

An – Nur *Gott, das Licht*

Jüdische Mantras

Adonai *Herr*

Shalom *Frieden*

Ehyeh Asher Ehyeh *Ich bin, der ich bin*

Quadosh, Quadosh, Quadosh, Adonai Tzeba'oth *Heilig, heilig, heilig, Herr der Heerscharen*

Barukh Ata Adonai *Gelobt sei der Herr*

Eli, Eli, Elu *Mein Gott, mein Gott, mein Gott*

Christliche Mantras

Herr Jesus Christus, Sohn Gottes, sei uns gnädig

Kyrie Eleison, Christe Eleison, Kyrie Eleison *Herr, erbarme Dich, Christus erbarme Dich, Herr erbarme Dich*

Laudamus Te *Wir preisen Dich*

Halleluja!

Maranatha *Komm, o Herr*

Heilig, heilig, heilig

En Emoi Christus *Christus in mir*

Ave Maria *Gegrüsset seist du, Maria*

Sai Baba Mantras

Om, Sai, Ram

Satya Dharma Shanti Prema *Wahrheit, Weg, Friede, Liebe*

Sufi Mantras

Hu E-haiy *Gott, der Lebendige*

Hu – La *Das Wort ist der Spiegel, in dem sich das Göttliche nach aussen spiegelt. In den Klang kehrt die Welt wieder zurück. Das Wort ist sowohl Klang als auch Licht, denn Licht ist die Bedeutung des Wortes!*

Keltische Mantras

Awn *(Ah-uuh-nn gesprochen) Ein keltisches Om*

Aoh Eeh Ooh *(a-o-e-i-u gesprochen) Eine alte keltische Überlieferung beschreibt die Offenbarung dieses Wortes durch den Seher «Sohn der drei Rufe» in folgender Weise: Gott sprach seinen Namen und das Licht war geboren. Das Licht trug in sich Leben und die Menschheit. Der Seher erblickte drei Säulen, Klang, Licht, Form, und alle drei waren eins. Der «Sohn der drei Rufe» verstand, dass nämlich der Mensch alle Wesen erfassen könne, wenn er ihre Stimme hört und ihre Form erblickt. Von den drei Säulen stammen die «drei Rufe» oder heiligen Vokale.*

Lass das Licht scheinen *Ein Heilgebet der «White-Eagle-Lodge»*

Klänge des Planeten und des Universums

Das Universum ist voller Licht, kosmischer Strahlen und vieler anderer Formen von Strahlungen und Wellen, welche unsere modernen Teleskope auffangen und für unsere Ohren in Klänge umwandeln können. Diese radioastronomischen Forschungen haben eine Vielfalt an Klängen enthüllt, die von der Erde selbst, von unseren planetarischen Nachbarn im Sonnensystem, von der Sonne als dem Zentrum dieses Systems und auch von noch unerforschten Quellen ausserordentlicher Kraft tief im All ausgesandt werden. In Klänge umgewandelt, bilden sie rhythmische Muster von Knattern, Zischen und Summen, tiefem planetarischem «Seufzen», Pochen und Ticken, das regelmässige Pulsieren von Pulsaren und Quasaren, die Geräusche der Solarwinde, kosmische Flutwellen und kollidierende Sternensysteme, die «Stimmen» von Sternen auf ihrer eigenen Lebensbahn, vom sich verdichten-

Vorbereitende Oberton-Übung

Die spirituelle Dimension der Musik hängt von ihren Resonanzen, das heisst von ihren Harmonien ab. Die folgende Übung gibt Ihnen ein Gefühl dafür. Nehmen Sie einen kurzen Satz oder ein einzelnes Wort, und singen Sie sie, indem Sie die Lautbildung so weit wie möglich verlangsamen. Achten Sie dabei auf jede Kleinigkeit: den subtilen Bewegungsfluss in Mund und Rachen und den Atemstrom. Beim Luftholen versuchen Sie möglichst keinen Muskel in Gesicht, Mund und Rachen zu bewegen, und nehmen Sie den Ton genau dort wieder auf, wo Sie ihn «verlassen» haben.

Ausgelöst durch den Druck des Atems im Rachen, wirken Mund, Hals, Stirnhöhlen, Luftröhre und Lungen als Resonanzräume, die alle zur Prägung eines Vokalklanges beitragen. Konzentrieren Sie die Aufmerksamkeit auf die Form dieser inneren Räume. Achten Sie auf ihre besonderen Qualitäten. Das Ziel ist die Befreiung vom unaufhaltsamen Strom von Wortmengen, der unser normales Sprechmuster prägt. Aus diesem Grund ist auch die Verlangsamung so entscheidend. Nehmen Sie sich Zeit zum Hören. Und bedenken Sie, dass die Harmonieschritte auf wohlproportionierten Verhältnismässigkeiten beruhen (siehe Seite 23–26). Beim Obertonsingen kommen diese Verhältnismässigkeiten in Ihren eigenen inneren Klangräumen zum Ausdruck.

KLÄNGE ZUR MEDITATION

Oberton-Übungen

Der Tänzer Entspannen Sie die Zunge, indem Sie sie herausstrecken und wieder einziehen, die Zungenspitze einrollen und die Zunge so zurückbiegen, dass die Unterseite den Gaumen berührt. Im indischen Gesang wird die Zunge «der Tänzer» genannt und der Mund «das Theater», in welchem der Tänzer auftritt. Machen Sie zu den Zungenübungen offene Vokallaute wie «uuu» und «aaa».

Die Bühne Bewegen Sie den Unterkiefer in allen Richtungen: auf und ab, nach rechts und links, vor und zurück, ohne aber die Bewegungen zu übertreiben. Entspannen Sie sich kurz, dann lassen Sie den Kiefer «fallen», indem Sie den Mund so weit öffnen, wie es die natürliche Bewegung erlaubt. Auch hier, kein Überdehnen, lassen Sie einfach los!

Das Theater Jetzt wo Kiefer, Nacken, Hals und Lippen ganz entspannt sind, atmen Sie entspannt durch. Öffnen Sie den Mund – nach innen und nach aussen – und singen Sie den Vokal «aaa» in Ihrer mittleren Tonlage ein bis zwei Minuten lang. Führen Sie dann ganz langsam, ohne Druck Zunge und Mundhöhle durch die Vokalreihe «aah – ooh – uuh – aih – ii» und so weiter. Achten Sie besonders im ganzen Verlauf auf die Schwingungen und Resonanzen im Nasenraum. Mit etwas Übung werden die Obertöne hörbar werden. Während der Übung wird auch der Verstand abgelenkt, und Sie werden entspannt daraus hervorgehen.

---

den Wirbel aus Gasen und Staub bis zum sich ausdehnenden roten Riesen und wieder sterbenden weissen Zwerg – all diese Geräusche erfüllen das All.

Unsere Sonne sendet Energien aus, deren Frequenzen auf musikalischen Beziehungen basieren, im Sinne von Grundtönen, Harmonieschritten und Obertönen. Achtzig solche Harmonien wurden bereits festgestellt, in Zyklen von 2 bis 8 Minuten Dauer. Veränderungen der Frequenzen und die Zunahme von Kräften, die von Sonnenflecken und Sonnenstürmen ausgelöst werden, haben tiefgreifende Wirkungen auf das Leben auf der Erde.

Seismographen zeichnen die Schockwellen bei Erdbeben auf und zeigen, dass die Erde wie eine grosse Glocke «läutet», wenn

Die Erde hängt in scheinbarer Stille im leeren Raum. Das All ist jedoch nicht leer, sondern voller Lichtwellen und anderer Formen natürlicher Strahlung. Wie die Musik und der ganze Planet unterliegen auch diese den universellen Gesetzmässigkeiten von Harmonie und Proportion.

KLÄNGE ZUR MEDITATION

sie von einem Erdbeben erschüttert wird, und zwar in Frequenzen mit 53.1 und 54.7 Zyklen pro Minute. Diese und viele andere Berechnungen zeigen die vielfältigen Verbindungen zwischen Klang, Musik und den Bewegungen und Energien der Sterne und Planeten auf.

Instrumente zur Meditation

Es lässt sich jedes Instrument, ob modern, exotisch oder konventionell, als Hilfe zur Meditation verwenden, sofern Sie die ihm innewohnende Bedeutung erkannt haben. Diese Bedeutung liegt in der symbolischen Beziehung zwischen der Musik und den sich unter ihrem Einfluss entfaltenden Bereichen der menschlichen Psyche. Die Geheimnisse der musikalischen Verhältnisse und Harmonien, der Ordnung und Proportion sind Teil des höheren oder spirituellen Selbst; die Geheimnisse des Rhythmus sind den Muskeln, Knochen, Sehnen, dem Blut sowie den Bereichen von Fortpflanzung, Geburt und Tod zuzuordnen. Der Musiker, der aus seinem Innersten heraus lebt, mit einem unversiegbaren Quell des Mutes in seinem Herzen, erringt schliesslich (oft allerdings auf einem langen, beschwerlichen Weg) gottähnliche Macht, indem es ihm gelingt, die Kräfte von Teilung und Zersplitterung zu überwinden. Wer Musik in diesem Sinne als heiliges Mysterium begreift ist ein Heiler.

Musikinstrumente und ihre Symbolik

In der Meditation, wie auch im Leben selbst, gibt es keine an sich heiligen oder weltlichen Instrumente. Lassen Sie sich daher bei der Wahl eines Instruments zu Meditatonszwecken ganz einfach von Ihrem inneren Gefühl leiten. Das Spektrum kann von der mächtigen Kirchenorgel bis zu den winzigen Glöckchen des Sistrums, eines altägyptischen Tempelinstruments, das heute noch in Äthiopien und Mexiko gebräuchlich ist, reichen. Die Bedeutung des Instruments für Sie zeigt sich darin, in welchem Masse es der Meditation förderlich ist, und dies wiederum hängt von Ihren persönlichen Intuitionen und spontanen Gefühlen bei der Auseinandersetzung mit seinen Klängen ab.

Bei Perkussionsinstrumenten entsteht Musik durch den Schlag; er symbolisiert rhythmische Vitalität. Es gibt sie in einer nahezu endlosen Vielfalt an Formen, und viele von ihnen werden zu kultischen Zwecken und zur Meditation verwendet. Zu dieser

---

Mysterium tremens

In der nächsten klaren Nacht geh hinaus und schau zu den Sternen auf. Lausche der lautlosen Musik – Muster des Lichts, geformt durch die Zeiten, älter als die Erde zu unseren Füssen, Asche und Feuer.

Doch ist das Universum nicht fremd und leer. Nein! Dein sehendes Auge und all die Wunder von Blut und Nerven und Gliedern, von Kristallen, Bäumen und Vögeln – sie alle sind Sternenstaub. Und in Deinem brodelnden Hirn und Deinem ruhelosen Herzen werden neue Sterne geboren durch Dein glühendes Lied.

«Die Formung des menschlichen Charakters ist wie das Stimmen einer Laute. Sind die Saiten zu schlaff, gibt es keine Musik. Sind sie zu straff, so brechen sie.»

Hindu-Sprichwort

Instrumentengruppe zählen Trommeln aller Grössen und Formen aus den verschiedenartigsten Materialien, Trommeln, die als «Klangfamilie» aufeinander abgestimmt sind, und die Trommeln und Tamburine des Schamanenkults. In Tibet gehören Schädeltrommeln zusammen mit Flöten aus Knochen zu den Würdezeichen der spirituellen Führer, der *Geshe* oder Lama-Lehrer.

Auch Glocken und Gongs spielen in der Meditation eine grosse Rolle. Viele Religionen verwenden Glockengeläut, um die Gedanken der Gläubigen zu sammeln und auf das Wesentliche zurückzurufen. Glocken wurden schon im Christentum der keltischen Zeit und werden noch heute als Attribute von Heiligen verehrt. Glocken, die Frieden und Freiheit einläuten oder die Gemeinde bei Gelegenheiten von Freude oder Trauer zur Besinnung rufen, sollen, so sagt man, die umgebende Atmosphäre von negativen Energien und emotionalen Rückständen reinigen. Orientalische Klangschalen, besonders die aus Tibet, werden aus sieben «heiligen Metallen» gefertigt und sind ebenso wie die Meditationsgongs aus Burma und die chinesischen Tempelglocken aussergewöhnlich klangvoll. Kleine Fingerzimbeln helfen dem Meditierenden, die Aufmerksamkeit konzentriert nach innen zu lenken. Versuchen Sie ihre Wirkung zu erfahren, indem Sie dem Klang bis an die Grenze zur Unhörbarkeit folgen.

Stellen Sie sich die Flöte als eine vereinfachte Darstellung der menschlichen Wirbelsäule vor, wobei die Chakras (Seite 118) durch die Grifflöcher symbolisiert werden. So wie die Schlange sich zum Lied des Schlangenbeschwörers aufrichtet, so steigen auch die schlafenden Energien aus der Wurzel der Wirbelsäule im Wirbelkanal auf, wenn sie durch die «Musik des Himmels» gerufen werden. Einige Blasinstrumente, wie zum Beispiel das Didjeridu der australischen Eingeborenen, bedürfen der «kreisförmigen» Atmung, bei der der Spieler gleichzeitig ein- und ausatmet. Die Mund- und Nasenhöhlen dienen dabei als Luftreservoirs, während die Luftströme daran vorbeifliessen. Um diese Technik zu meistern, bedarf es grosser Konzentration und einer hochentwickelten Wahrnehmungsfähigkeit für den Atemvorgang.

Bevor die Ackerbauern das Land für Felder und Wiesen entwässerten, bedeckten riesige Schilfgürtel viele tiefliegende Gebiete. Aus Schilfrohr wurden die Panflöten hergestellt, welche die Vorläufer der Orgelpfeifen waren. Die Orgel ist immer noch das wichtigste Instrument religiöser und meditativer Praxis und gehört ganz selbstverständlich zu Kirchen, Kathedralen und anderen Gotteshäusern in der westlichen Welt.

KLÄNGE ZUR MEDITATION

Tierhörner und deren metallische Entsprechungen unter den modernen Blasinstrumenten sind zeitlose Symbole der Weisheit und Autorität. Vom jüdischen *Shofar* aus Widderhorn bis zum fünf Meter langen tibetischen «Alphorn», dem *Ragdung*. In der Hitze des Feuers geschmiedet aus Metallen, die aus den Erzen zu unseren Füssen gewonnen wurden, stellen die Blasinstrumente eine musikalische Verbindung mit der Erde her.

Harfen waren den Chaldäern, Ägyptern, Hebräern, Kelten und der Urbevölkerung Südamerikas heilig. Das chinesische *Cheng* und andere zitherähnliche Instrumente der gleichen Familie wurden schon seit langer Zeit mit Frömmigkeit und Meditation in Verbindung gebracht. Im indischen Subkontinent werden die *Sitar* und die *Vina* zur Begleitung des meditativen Chantens verwendet.

Vielleicht das erdentrückteste Instrument ist die Äolsharfe, eine Brettzither, deren Saiten vom Winde in Schwingung versetzt werden. Als ihr mythischer Vorläufer gilt die Lyra des Orpheus, mit der er wilde Tiere zähmen, Bäume und Steine bewegen und selbst die Unterweltsherrscher dazu erweichen konnte, seine verstorbene Gattin mit ihm zurückkehren zu lassen. Noch lange nach seinem Tode soll seine Leier weitergespielt haben, von den trauernden Winden des Himmels bewegt. Im 17. Jahrhundert von Athanasius Kircher wiederbelebt, wurde die Äolsharfe oder Windharfe im 19. Jahrhundert, in der Zeit der Romantik, ausserordentlich populär.

Meditation, Klang und Bewegung

Alles Sein ist Bewegung, und in Harmonie mit dem Ganzen zu leben ist der Tanz des Lebens, zu dem wir fortwährend eingeladen sind. Körper, Geist und Gefühle sind unsere Instrumente dazu. Beim Tanzen gerät das Innerste unseres Wesens, unsere Seele, in Schwingung, vereint und im Einklang mit der physischen Welt. Tanzen kann daher heilig und heilend sein.

Dort, wo Sie tanzen, ist Ihre Bühne, der Raum, in dem Sie die Muster Ihres Lebens und Bewusstseins frei ausdrücken und mitteilen können. Durch Bewegungsübungen werden Sie sich zunehmend des Raumes als lebendiger Wirklichkeit bewusst, einer Wirklichkeit, die ebenso wichtig ist wie die Objekte, die sie enthält. Die Art des Tanzens wird bestimmt durch die Wahl der Musik und den Zugang, den Sie zu Ihren eigenen Gefühlen und

Die Musik schliesst dem Menschen ein unbekanntes Reich auf, eine Welt, die nichts gemein hat mit der äusseren Sinnenwelt, die ihn umgibt und in der er alle bestimmten Gefühle zurücklässt, um sich einer unaussprechlichen Sehnsucht hinzugeben.

E. T. A. Hoffmann

In der griechischen Mythologie ist Pan der Gott der Hirten und ihrer Herden, der Jäger und des Wildes und ebenso der Fruchtbarkeit. Nach ihm ist die aus Schilfrohr gefertigte Panflöte benannt, die in Variationen in vielen alten Kulturen bekannt ist, wie auch diese Bambusflöte der südamerikanischen Indianer.

Energien haben. Machen Sie den Tanz zur Meditation über Ihre Hoffnungen, Freuden, Sorgen und Träume; dies ist zugleich ein Weg, Ihren Körper zu stärken, zu verfeinern und zu vervollkommnen.

Der Inhalt des meditativen Tanzes ist das Leben, das, ungehindert durch Ablenkungen, klar und kraftvoll durch Ihre Bewegungen fliesst. So verstanden, können die einfachsten Bewegungen ein Tanz sein, der physische, emotionale und geistige Haltungen zum Ausdruck bringt. Die Aufmerksamkeit, die Sie Ihrer Gesundheit und Ihrem inneren Wohlbefinden schenken, spiegelt im Grunde die Absicht, in dieser Welt und in jedem Augenblick bewusst und voll zu leben.

Übung: Tanzen zu Musik
Wählen Sie eine Musik, die Ihnen etwas bedeutet, oder, noch besser, lassen Sie sich von einem Freund durch eine Improvisation auf einem Instrument begleiten.
Stehen Sie eine Weile still und entspannt. Lauschen Sie der Musik, fühlen Sie ihren Rhythmus. Beginnen Sie, sich zu bewegen und zu tanzen, doch anfangs nur mit den Füssen. Sobald die Füsse den Rhythmus aufgenommen haben, lassen Sie die Bewegung schrittweise weitergehen, in die Beine, die Knie, die Hüften und dann den ganzen Oberkörper, in die Arme und Hände und schliesslich Hals und Kopf. Versuchen Sie, Ihren ganzen Körper und Ihr ganzes Inneres in den Tanz einzubeziehen. Geniessen Sie die Musik, nicht nur mit den Ohren, sondern auch mit den Knochen und Muskeln, mit Blut und Nerven. Vermeiden Sie jede Hast. Um die Übung zu beenden, lassen Sie die Bewegung nacheinander in jedem Körperbereich ersterben, in umgekehrter Reihenfolge vom Kopf zu den Füssen, bis Sie wieder ganz ruhig sind, und die Musik von der Stille abgelöst wird.
Welche Ihrer Körperteile «tanzten» am leichtesten? Wollten bestimmte Teile von Ihnen weitertanzen? Haben Sie die Musik die ganze Übung hindurch gefühlt? Der Sinn dieser Übung ist, den ganzen Körper einzubeziehen, sich selbst zu spüren und Koordination und Beweglichkeit zu erleben.

Sich wiederholende Bewegungen können, ebenso wie sich wiederholende Gesänge, tranceähnliche Zustände hervorrufen. Bekanntestes Beispiel sind die rasch wirbelnden Tänze der Derwische, umherziehender Bettelmönche bestimmter islamischer Gemeinschaften.

HEILEN MIT KLANG

Körper, Geist und Seele befinden sich in einem ständigen Wechselspiel, und dieses bestimmt unseren Gesundheitszustand. Krankheiten und gesundheitliche Beschwerden sind das Ergebnis eines Kreislaufes von Ursache und Wirkung, indem eine Störung in einem oder mehreren dieser Bereiche von Körper, Geist und Seele durch eine Art Rückkoppelung auf die anderen einwirkt. Die Grundabsicht jeder Therapie, einschliesslich der Klangtherapie, ist, diesen Kreislauf zu durchbrechen und wieder ein ausgewogeneres Verhältnis zwischen dem Körper, den Anteilen von Geist und Gefühl und der Seele herzustellen. Dieses Kapitel zeigt die verschiedenen Methoden, wie mit Hilfe der Stimme und verschiedener Klänge dieses Gleichgewicht erreicht werden kann.

Die Stimme bei Krankheit und Gesundheit

Wie im zweiten Kapitel beschrieben, enthüllt die Stimme viel über das physische, emotionale und geistige Wohlbefinden eines Menschen. Hören Sie auf die Stimmen anderer, und entwickeln Sie ein möglichst objektives Gefühl für Ihre eigene Stimme, um so mehr über den jeweiligen Gesundheitszustand zu erfahren.

Die in der Beratung geübte «Kunst des liebevollen Zuhörens» dient nicht nur dazu, Leiden zu lindern, es kann auch die positive Wirkung haben, das Tor zum Heilungsprozess zu öffnen. Der Therapeut hört auf die einzelnen Worte, ihre Bedeutung und ihren Zusammenhang und ebenso auf die subtilen Schichten der Andeutungen und Assoziationen, die hinter den Worten und zwischen den Zeilen liegen; er achtet auch auf die nonverbalen Äusserungen wie Seufzen und Schluchzen und auf die Stimme selbst, ihre Tonhöhe und Klangqualität, ihren Rhythmus und ihr Tempo und die Pausen zwischen den Lauten. Zusätzlich berücksichtigt er Haltung und Körpersprache und lässt sich nicht zuletzt durch die kaum erklärbaren Formen der Wahrnehmung leiten, die wir Intuition und Instinkt nennen.

An der Stimme lassen sich Probleme erkennen und diagnostizieren, was an sich schon den Heilungsprozess einleitet. Die Tafel auf Seite 105 zeigt einige der vielen Verbindungen zwischen Stimmerkmalen und körperlichen oder geistigen Störungen. Nicht nur die Klangeigenschaften der Stimme an sich, sondern auch der Gesundheitszustand der stimmerzeugenden Organe kann dabei als Indikator dienen. Zum Beispiel können ständige Halsentzündungen das Ergebnis eines andauernden Konfliktes in einer

> **Eine gesunde Stimme**
> Die Stimme ist ein Spiegel der körperlichen, geistigen, emotionalen und seelischen Gesundheit. Die Merkmale einer gesunden Stimme sind Wandlungsfähigkeit, Empfindsamkeit, Wärme und Reinheit des Tones: klar, hell und offen, ohne Anzeichen von Anstrengung oder Zwang. Vor allem besitzt eine gesunde Stimme Vitalität; sie spiegelt die Lebensenergie, die über alle Schwierigkeiten, Enttäuschungen und Schmerzen triumphiert.

Ausdrucksstarke Instrumente wie die Violine bieten ein ausgezeichnetes Ventil für Gefühle und Emotionen, die sich sonst mit negativen Auswirkungen für die ganze Gesundheit anstauen würden.

engen Beziehung sein, selbst wenn die Disharmonie unterdrückt und energisch bestritten wird.

Wer wirklich mit sorgfältiger Aufmerksamkeit hinhört, kann an der Stimme auch erkennen, wie die verschiedenen Lebensphasen und der Prozess der Entwicklung und Reifung bewältigt werden. Die Angst vor dem Erwachsenwerden und den damit verbundenen emotionalen Anforderungen und der Verantwortung zeigt sich in einer «kindlichen» Stimme und Sprechweise, die bis ins mittlere Alter dauern kann. Die hastige, atemlose «Kleinmädchen»-Stimme ist typisch für den verführerischen weiblichen Flirt, so wie die bewusst wortkargen Äusserungen mit tiefer Stimme es für die männliche Entsprechung sind. Gefühle von Resignation und Nutzlosigkeit, wie sie oft im hohen Alter auftreten, sind deutlich an der apathischen oder nörgelnden Stimme erkennbar, manchmal noch dadurch verstärkt, dass der Kopf eingezogen wird; die Schultern sollten immer unterhalb der Kieferlinie liegen, damit die Stimme natürlich funktionieren kann.

Monitorbild eines elektronisch erzeugten Stimmabdrucks beim Sprechen des Wortes «Baby». Solche Stimmabdrücke enthüllen winzigste Unterschiede, selbst wenn dieselbe Person dasselbe Wort nochmals in derselben Weise zu sprechen versucht. Dies zeigt, dass jeder Laut einmalig ist.

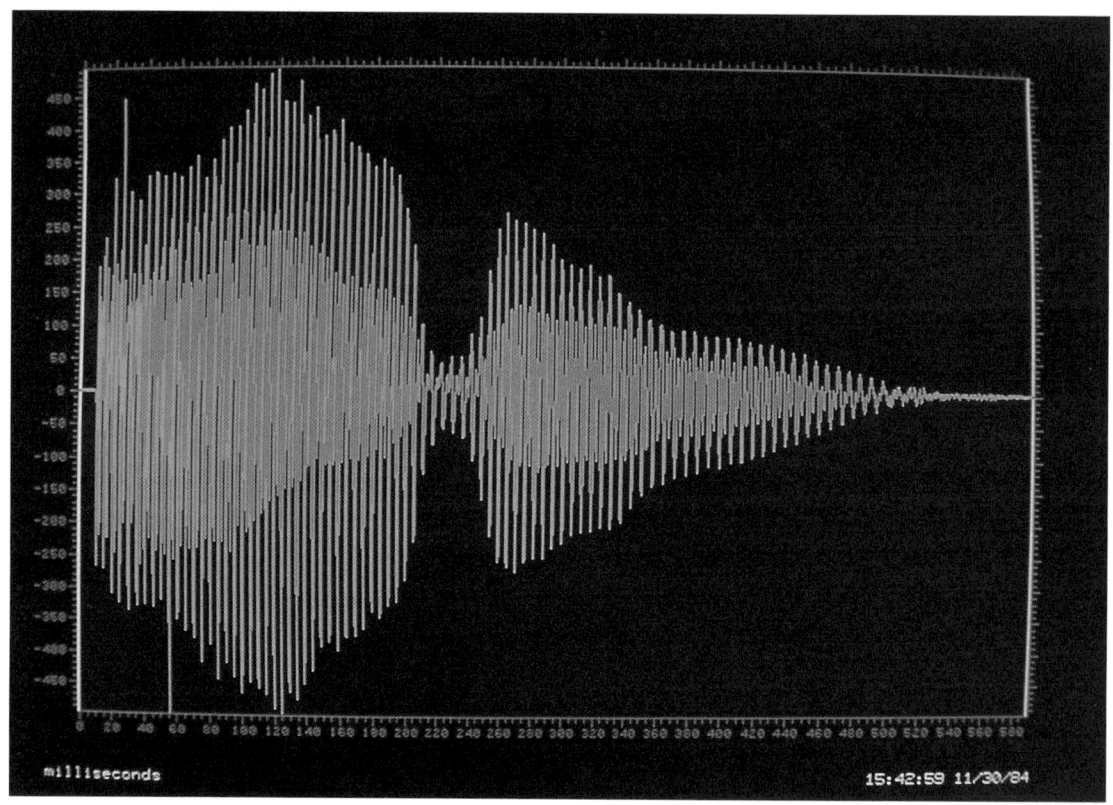

Stimmerkmale	Mögliche Probleme
Matt, im Laufe des Satzes abfallende Tonhöhe, Tonlage geringer Spannweite mit fehlenden Höhen und Tiefen	Körperliche und geistige Erschöpfung auf allen Ebenen
Traurig klingend, ständig «am Rande der Tränen» ohne offensichtlichen Grund	Störungen des Atmungssystems, wie Nasen-, Rachen- oder Lungenentzündungen
Ärgerlich klingend ohne offensichtlichen Grund	Leber-, Gallenblasen- und Milzstörungen
Ängstlich, zitternd und zögernd	Blasenbeschwerden und Beschwerden der Ausscheidungsorgane
Belegte Stimme, langsame und träge Aussprache	Migräne und Schwindel
Übertriebener «Singsang»	Beschäftigung mit der Vergangenheit oder mit Phantasien, Gefühl der Überlegenheit
Gehemmte oder gepresste Stimme	Demütigende Erfahrungen bei der Arbeit, Verlust des Selbstwertgefühls, von anderen auferlegtes Schweigen
Zeitweiliger Stimmverlust	Schock, schmerzlicher Verlust, sexuelles Trauma, Gefühle emotionalen Gefangenseins
Gezwungene, forcierte Stimme mit hastiger, stossartiger Sprechweise, «explosive» Konsonanten, überbetonte Aussprache	Warnzeichen von Kreislaufstörungen, hohem Blutdruck, Hyperaktivität

Der Umgang mit Vergangenheit, Gegenwart und Zukunft

Gesundheits- oder Lebensprobleme können ihre Wurzeln in Erfahrungen der Vergangenheit haben, die nicht verarbeitet oder aufgelöst wurden; andere können aus Zukunftsängsten entstehen. Solche Ängste und Befürchtungen bezüglich der Vergangenheit oder der Zukunft können die Wahrnehmung der Gegenwart trüben und so das klare Empfinden für den zeitlichen Ablauf beeinträchtigen.

Zum Beispiel kann ein Ereignis, das Monate oder Jahre zurückliegt, das ganze Denken beherrschen. Ein derartiges In-der-Vergangenheit-Leben beeinflusst zwangsläufig die Art, wie man mit der Gegenwart umgeht. In anderen Fällen häufen sich Reue- oder Schuldgefühle an, die nicht in anderer Weise verarbeitet werden

HEILEN MIT KLANG

Übung: Gegenwart und Zukunft singen

Die Vergangenheit loslassen Gehen Sie mit offenem Herzen an diese Übung, voller Liebe, ohne Vorwürfe sich selbst und anderen gegenüber. Wählen Sie ein Ereignis in Ihrem Leben, das ein vages Gefühl der Unzufriedenheit oder Unbehaglichkeit in Ihnen hinterliess. Dies kann ein Streit sein, eine Notlüge oder ein ungelüftetes Geheimnis. Gehen Sie in Ihrer Erinnerung zurück, und lassen Sie die Erfahrung neu entstehen. Versuchen Sie die sinnlichen Eindrücke der Begebenheit wieder einzufangen: die Klänge, Bilder, Berührungen, Geschmackseindrücke und Gerüche. Durchleben Sie nochmals, was Sie fühlten, Ihre Gedanken und Emotionen. Versuchen Sie eine «Neuaufführung» der Erfahrung, jedoch mit neuem und offenem Mitfühlen.
Jetzt singen Sie Ihre Erinnerung laut heraus. Singen Sie Ihre Gedanken und Gefühlen. Singen Sie, was Sie – aus der heutigen Sicht – damals eigentlich hätten tun und sagen wollen. Werden Sie sich bewusst, wie man aus Lebenserfahrungen lernt und dass alle anderen an der Begebenheit Beteiligten ebenfalls dazugelernt haben werden. Ziehen Sie Gewinn aus Ihren Fehlern. Erkennen Sie, dass diese nicht als Monumente des Irrtums und der Reue bestehen bleiben müssen; als Schritte der Lebenserfahrung verstanden, lösen sie sich in nichts auf. Schliessen Sie die Übung ab, wie unten beschrieben.

Die Zukunft entwaffnen In der gleichen Weise, wie Sie die Vergangenheit neu durchleben können, können Sie auch die Zukunft «voraus-leben». Fahren Sie in der oben beschriebenen Weise fort, jedoch wählen Sie eine zu erwartende Prüfung oder Verpflichtung, die in irgendeiner Weise bedrohlich scheint. Machen Sie eine imaginäre Videoaufnahme dieser zukünftigen Herausforderung. Gehen Sie auch hier mit offenem Herzen, voller Liebe und frei von kritischen Bewertungen vor. Singen Sie laut heraus, im Gedanken an alle an diesem zukünftigen Ereignis Beteiligten. Worte und Melodie sollen von der Kraft, der Weisheit und Liebe zeugen, mit denen Sie der Situation begegnen können und wollen. Eine solche gesungene Vorwegnahme kann all Ihre Ängste beruhigen und Ihren Sorgen Ausdruck verleihen, so dass sie rational fassbar werden.
Lenken Sie zum Abschluss der Übung Ihre Aufmerksamkeit und Ihre Liebe wieder ganz auf die Gegenwart.

Vielen Menschen hilft es, zu heilsamen Klängen ausdrucksstarke Bewegungen zu vollführen. In der Eurhythmie werden sanfte Bewegungen und Stellungen mit gewissen Vokalen, Konsonanten und anderen stimmlichen Lauten verknüpft.

konnten. Solche Brüche im Zeitbewusstsein können zu Leiden und Unwohl-sein führen. Sie können Verstand und Stimme dazu benützen, um – mit Hilfe von einfachen Übungen, wie auf Seite 106 beschrieben – die Zeit wieder als harmonisches Ganzes zu erleben. Diese Einbindung von Vergangenheit, Gegenwart und Zukunft ist ein wesentlicher Bestandteil des therapeutischen Prozesses.

Das Singen hat in diesem Zusammenhang insofern besondere Wirkung, als es alle Ebenen des Bewusstseins anspricht und den Menschen als Ganzen einbezieht. So kann auch kein Rest von Zweifel in «versteckten Winkeln» des Verstandes lauern oder sich

HEILEN MIT KLANG

Übung: Schmerz durch Singen lösen
Schmerz ist, ähnlich wie ein falscher Ton, am falschen Ort festgehaltene Energie. Diese Übung hilft Ihnen, Schmerzen zu erkennen, zu lokalisieren, mit ihnen zu kommunizieren und sie schliesslich loszulassen, um sie durch natürliche Harmonie zu ersetzen. Ähnlich wie man ein Musikinstrument stimmt, kann man sich so selbst neu «stimmen». Die Vorstellung, den Schmerz «kennenlernen» zu wollen, mag zunächst befremdlich erscheinen; doch auch wenn Sie ein Musikinstrument stimmen wollen, müssen Sie vorher sorgfältig hinhören und die falschen Töne und andere Mängel herausfinden. Nehmen Sie sich etwa 15 Minuten Zeit für die Übung, die Sie allein oder mit einer zweiten Person als «Befrager» durchführen können.

Entspannen Sie sich Legen Sie sich in einer möglichst entspannten Position hin. Erlauben Sie jedem Körperteil, sich zu entspannen und «loszulassen». Spüren Sie die Gefühle von Leichtigkeit, Wärme und Weite. Achten Sie besonders auf jene Bereiche, die gespannt oder unzugänglich scheinen.

Kommen Sie in Berührung mit dem Schmerz Stellen Sie sich die folgenden Fragen: Wann begann der Schmerz? Wann habe ich ihn zuerst bemerkt? Ist er allgemein und diffus oder scharf begrenzt? Hat er eine Farbe, einen Klang, eine bestimmte Struktur? Bewegt er sich? Ist er heiss oder kalt? Macht er mich ärgerlich, ängstlich oder bedrückt?

Visualisieren Sie Ihren Atem Jetzt wo Sie den Schmerz kennen, konzentrieren Sie sich auf den Atem und seinen Rhythmus. Stellen Sie sich jedes Einatmen als Licht vor, das in Ihren Körper strömt, zu jedem Körperteil gelangt und jede Zelle mit neuem Leben und neuer Energie füllt. Beobachten Sie, wie das Licht den Schmerz umfliesst und in einen leuchtenden Schein hüllt.

Singen Sie den Schmerz fort Jetzt singen Sie zu jedem Ausatmen. Wählen Sie jene Tonlage, die – gemäss der Tabelle auf Seite 90 – eine klangliche Verbindung zur Art oder dem Ort des Schmerzes hat. Stellen Sie sich vor, wie der von einer Kapsel aus Licht umgeschlossene Schmerz abhebt und aus dem Körper davonschwebt. Beobachten Sie ihn genau, und versichern Sie sich, dass er tatsächlich in der Ferne verschwindet.

als Blockierung auf körperlicher Ebene manifestieren (siehe Seite 73). Grundsätzlich ist auch zu bedenken, dass die eigentliche Bedeutung der Reue darin liegt, Begebenheiten und Umstände neu zu überdenken, um so falsche Vorstellungen zu korrigieren. Einfache, aber wirkungsvolle Gesangsübungen, mit der Stimme als Instrument, unterstützen diesen Prozess. Da Sie Macht über Ihre Gedanken haben, können Sie diese so lenken, dass selbst die schmerzhaftesten Erinnerungen und Ängste heilen.

Körperteile und Schallwellen

Neuere Untersuchungen von Klangtherapeuten und Biologen haben die Wirkungen aufgezeigt, die Schallwellen auf lebende Zellen haben. Unter Verwendung von Stimmgabeln als Klangquelle bewirkten die verschiedenen Frequenzen der Tonleiter eine Veränderung der Blutzellen in Form und Farbe; so machte die Note c sie länger, e machte sie kugelförmig und die Note a veränderte ihre Farbe von Rot zu Rosa. Die Frequenzen der Töne können den natürlichen Eigenfrequenzen der Blutzellen so ähnlich sein, dass durch ein Mitschwingen im Einklang und einander verstärkende Resonanzen störende Interferenzmuster aufgebrochen werden können.

Im Vergleich zu gesunden Zellen können wir uns krebsartige Zellen als weich, schwammig und vergrössert vorstellen. Unter der Einwirkung derselben Sequenz ansteigender Frequenzen brachen sie langsam auf und lösten sich bei etwa 400 bis 480 Hz auf (Note a' bis h' über dem eingestrichenen c'). Resonanzen können gesunde Zellen und Gewebe stärken und auf ungesunde Zellen hemmend wirken. Diese Untersuchungen stellen möglicherweise den Beginn des therapeutischen Einsatzes von Klängen in der Behandlung von Krebs dar.

Ähnliche Phänomene, bei denen gesunde Zellen gestärkt und ungesundes Gewebe abgebaut wird, liegen vielleicht auch der Wirksamkeit der Klangtherapie mit Stimmgabeln zugrunde. Der mit einer Stimmgabel erzeugte reine Ton mit einer einzigen Frequenz bleibt auch bei Temperaturschwankungen unverändert, zudem ist die Stimmgabel als Instrument leicht zu tragen, widerstandsfähig gegen Beschädigung und Abnutzung und einfach in der Anwendung.

Stimmgabeln können in der Klangtherapie in vielerlei Weise eingesetzt werden; zwei Techniken sind auf Seite 111 beschrieben. Wenn Sie sich damit intensiver befassen möchten, legen Sie sich

HEILEN MIT KLANG

eine Sammlung möglichst vieler verschieden gestimmter Stimmgabeln zu. Beginnen Sie mit dem eingestrichenen c' (256 Hz) und arbeiten Sie sich der Tonleiter entlang aufwärts; widmen Sie sich besonders den Tönen e', g' und a'.

Die Verwendung von Instrumenten

Einige Menschen fühlen sich instinktiv zur Arbeit mit Musikinstrumenten hingezogen, wie schon in bezug auf die Meditation beschrieben (siehe Seite 96). Beim Heilen mit Klang können alle möglichen, selbst einfachste, improvisierte Instrumente verwendet werden, so dass wirklich jedermann mitmachen kann.

Schlaginstrumente wie selbstgebaute Trommeln können helfen, die rhythmischen Muster des Körpers zu festigen und zu stärken. Lauschen Sie, und fühlen Sie den eigenen Atem oder den Herzschlag, und trommeln Sie dazu im gleichen Tempo. Schlaginstrumente können auch als Mittel zur Befreiung und zum Ausdruck von Gefühlen dienen. Schliesslich regen Sie die körperliche, emotionale und geistige Bewegung an und fördern damit Beweglichkeit, Spannkraft und Freiheit. Mit dem Eintauchen in Rhyth-

Musikhören sollte das Beste in uns erwecken. Es sollte sein wie der Wind in unseren Segeln, der unser Schiff der himmlischen Bestimmung näher bringt.»

Peter Mikael Aïvanhov

Viele alltägliche Gegenstände können als Schlaginstrumente Verwendung finden. Achten Sie auf ausreichenden Platz und darauf, dass die Klänge andere nicht stören, denn es ist schwierig sich zu konzentrieren, wenn man sich nicht frei fühlt.

Stimmgabelübungen
Die folgenden Übungen machen Sie mit dem reinen Klang der Stimmgabeln und mit seiner heilkräftigen Wirkung auf Körper und Geist vertraut.

Stimmen mit Berührung Schlagen Sie die Stimmgabel an, vorzugsweise das eingestrichene c' (256 Hz), wie auf Seite 18 beschrieben. Spüren Sie die Vibrationen, indem Sie den Griff der schwingenden Gabel an die Handinnenflächen, an die Fusssohlen und den Scheitel halten. Legen Sie sich hin, und bitten Sie eine zweite Person, mit dem Griff der schwingenden Gabel verschiedene Stellen in der Mitte des Brustkorbs und am Rücken, entlang der Wirbelsäule zu berühren. An verschiedenen Punkten werden Sie vermutlich eine stärkere Reaktion verspüren, in der gleichen Weise wie bei der Stimmübung auf Seite 85. Als solche Auslösepunkte wirken oft der Atlaswirbel am obersten Ende der Wirbelsäule und die obere Spitze des Brustbeins, unterhalb der Kehlgrube. An diesen Stellen schwingen die Schwingungsenergien der Stimmgabeln im Einklang mit den Energien der Zellen, Knochen, Muskeln und Gewebe.

Stimmen in der Aura Benützen Sie eine Stimmgabel mit der Ihrem Problem entsprechenden Frequenz (siehe Tabelle Seite 90–91). Legen Sie sich auf den Bauch, und verfahren Sie, wie oben beschrieben, vermeiden Sie jedoch den direkten Kontakt mit der Stimmgabel. Ihr Partner sollte die Stimmgabel 3 bis 8 cm von Ihrem Körper entfernt halten. Die Stimmgabel befindet sich dann noch innerhalb Ihrer Aura, dem unsichtbaren Energiefeld, das den Körper umgibt. Die Stimmgabel wird ständig neu angeschlagen und der Wirbelsäule entlang mit Abstand über jeden Wirbel gehalten. An gewissen Stellen setzt sie Schwingungsenergien im Körper frei, die sich der Gabel mitteilen und ihren Klang etwas verändern können. Konzentrieren Sie sich auf diese Stellen, und beobachten Sie die Gefühle erhöhten Wohlbefindens, verringerter Schmerzen, grösseren emotionalen Gleichgewichts und eines ausgeglichenen Gemütszustandes. Beenden Sie die Übung mit dem «Erden» der Energien, indem Sie und Ihr Partner das ganze Bewusstsein auf Ihr Herz lenken und dann die Erde zu Ihren Füssen berühren.

men und Klänge können tiefe, instinktive Gefühle freigesetzt und mit dem Unbewussten verknüpft werden, um so Trägheit und Einengung durch Gleichgewicht, Ausgewogenheit und Selbstbewusstsein zu ersetzen.

Blasinstrumente, schon selbstgemachte Bambusflöten oder einfache Blockflöten, sind eine wertvolle Hilfe zur Stützung und Förderung der Individualität. Mehr als bei den meisten anderen Instrumenten kommen hier Zeitgefühl und Ausdruckskraft, ja die

---

Instrumentalübung

Viele Probleme körperlicher wie auch geistiger Natur haben mit emotionalen Konflikten zu tun. Diese Übung kann helfen, unbewusste Gedanken und Gefühle an die Oberfläche zu bringen. Verwenden Sie eine kleine Trommel von etwa 25 cm Durchmesser, oder benützen Sie einen passenden anderen Gegenstand als Trommel. Wählen Sie einen ruhigen Ort, so dass Sie sich auf die Übung konzentrieren können, ohne andere zu stören.
Beginnen Sie ganz leise. Mit den Fingern der linken Hand klopfen Sie sanft im Rhythmus des eigenen Pulsschlages. Halten Sie diesen Rhythmus, während Sie mit der rechten Hand beginnen, leise eine kurze Folge von Rhythmen zu klopfen; dann ruhen Sie sich aus. Wiederholen Sie dann das Trommelmuster, oder wählen Sie ein anderes, diesmal etwas lauter. Stellen Sie sich vor, Ihre rechte Hand erzähle, mit der Trommel als Ihrer Stimme, wie Sie sich gerade fühlen. Während Sie mit der linken Hand die ganze Zeit den Pulsrhythmus halten, bauen Sie mit der rechten den Rhythmus aus und lassen ihn so mächtig und komplex werden, wie es Ihnen gefällt. Wenn die Klänge sich schliesslich in einem Crescendo sammeln, ist Ihre Geschichte «zu Ende erzählt». Brechen Sie aber nicht abrupt ab, sondern lassen Sie die Musik langsam ausklingen, immer leiser und entspanter werden, bis nur noch der «Pulsschlag» der linken Hand übrigbleibt. Lassen Sie ihn im Einklang mit Ihrem Herzen noch kurz weiterschlagen. Dann entspannen Sie sich – und alles ist still.
Rufen Sie sich Ihre Gedanken und Gefühle während des Trommelns in Erinnerung. Was sagte die Trommel über Sie, was Sie noch nicht wussten oder sich nicht bewusst waren. Stellte sie Fragen zu vergangenen Ereignissen und Konflikten? Nachdem diese nun an die Oberfläche gelangt sind, können Sie den besten Weg zu ihrer Bewältigung suchen.

Kristalle aus reinem Quarz (siehe Seite 114) sind völlig farblos. Winzige Mengen anderer Mineralien färben sie in wunderschönen Schattierungen von Grün, Braun, Blau, Gelb und Rosa.

ganze Persönlichkeit zum Tragen, denn man spielt die Töne mit dem eigenen Atem. Die Musik unterstützt das Streben nach wahrer Selbstfindung durch das Finden der eigenen Stimme und Sprache. Blasinstrumente können bei angstbedingten Problemen helfen, indem sie das Selbstwertgefühl und das Gefühl der Gleichwertigkeit mit anderen stärken. Auch dienen sie dazu, die Atmung zu vertiefen und zu verbessern.

Saiteninstrumente wie die Violine bedürfen eines äusserst feinen Gehörs. Das Spielen der Violine und besonders des Cellos setzt die Wahrnehmung des Feedbacks zwischen Ohr, Gehirn und Fingern voraus. Die Finger müssen zudem, um die Genauigkeit des Tones zu gewährleisten, äusserst präzise auf dem Griffbrett gesetzt werden.

HEILEN MIT KLANG

Das Spielen von Saiteninstrumenten kann Beziehungen in allen Lebensbereichen wiederherstellen und verbessern, indem es eine klangvolle innere Harmonie bewirkt. Es ist auch eine Hilfe zur Lösung von Konflikten und bei allen Formen von Einsamkeit sowie Selbsthass.

Heilende Steine

In den letzten Jahren ist in Zusammenhang mit verschiedenen Formen alternativen Heilens, so auch der Klangtherapie, das Interesse an der Verwendung von Edelsteinen neu erwacht.

Zwischen den Schwingungszuständen des Klanges und der starren geometrischen Anordnung der Moleküle in einem Edelstein besteht eine besondere Beziehung. Klang wird durch sich bewegende Moleküle in Gasen und Flüssigkeiten übertragen. Die Moleküle eines Edelsteins, zum Beispiel die Milliarden von Siliziumdioxid-Molekülen, aus denen sich ein Quarzkristall zusammensetzt, sind jedoch fest zu einer geometrischen Gitterform zusammengefügt. Aufprallende Schallwellen oder andere Schwingungsphänomene pressen die ganze kristalline Struktur zusammen und verändern sie, was zur Freisetzung elektrischer Ladung führt. Die Frequenz der auftreffenden Schwingung bestimmt die Frequenz der ausgehenden elektrischen Ladung, die sich in Form kleiner elektrischer Entladungen äussert. Dies ist der wohlbekannte piezoelektrische Effekt, der in vielen Vorrichtungen Verwendung findet, zum Beispiel in der Kristallabtastnadel der früheren Plattenspieler, in der Telefonsprechmuschel oder beim Anzünder für Gasherde.

Wird umgekehrt freie elektrische Energie auf einen Kristall gelenkt, so entsteht mechanische Energie in Form von Schwingungen, die sich auch als Klang äussern kann.

Edelsteine können deshalb als Umwandler von Energie angesehen werden, und dies ist auch die Grundlage für ihre Bedeutung in Heilung und Meditation: Sie können verschiedenartige Energien ausgleichen und in eine bestimmte Richtung lenken. Man nimmt an, dass kristalline Ablagerungen in der Erde die elektromagnetischen Kräfte der Erdstrahlung ausgleichen. Der Mensch verfügt über entsprechende Kraftlinien, die den Körper entlang auf- und abwärts verlaufen, die Meridiane der Akupunktur, in denen *Chi*, die Lebenskraft, fliesst. Es wird vermutet, dass Edelsteine auf Klangenergien reagieren und deren Hauptfrequenzen in elektromagnetische Energie verwandeln (siehe Seite 23) und da-

«Atome sind harmonische Resonanzkörper.»

Andrew Glazewski

> «Der Schüler sollte ein Herz haben, so rein wie Kristall, einen Verstand, so strahlend wie die Sonne, eine Seele, so weit wie das Universum, und einen Geist, mächtig wie Gott und eins mit Gott.»
>
> Peter Delinov

Übung zur Wirkung von Musik und Edelsteinen
Allein schon einen Edelstein in der Hand zu halten, während Sie Musik hören oder zur Musik meditieren, erhöht die Empfindsamkeit und vertieft die Einsichten. Prüfen Sie zunächst die Freiheit und Vitalität Ihrer Stimme ohne Stein, dann mit einem Stein, den Sie an einen der empfindsamen Auslöser- oder Chakrapunkte halten (siehe Seite 118). Lassen Sie sich dabei vom Herzen und der Intuition leiten. Versenken Sie sich meditierend in die Qualitäten von Kraft, Geduld, Selbstvergebung, Frieden und Schmerzlinderung.
Lauschen Sie nach innen auf die «Musik» der heilsamen Energie, deren Schwingungen Sie zu erwecken und erklingen zu lassen versuchen. Geben Sie allen Klängen, die Sie innerlich fühlen, durch Ihre Stimme Ausdruck, indem Sie sie auf dem Strom Ihres Atems in die physische Welt hinaustragen. Singen Sie diese Klänge in Ihren Stein hinein, und stellen Sie sich vor, wie die Klangwellen in Licht umgewandelt werden. Dieser Lichtstrahl wird dann als Träger der heilenden Kraft auf eine bestimmte Stelle ausgerichtet.

bei möglicherweise intensivieren und verstärken. Das gesunde elektromagnetische Gleichgewicht lebender Zellen wird teilweise durch Quarz (Siliziumdioxid) aufrechterhalten. Durch die Verwendung dieses Steins kann daher auch Klang in Heilenergie umgewandelt und so in der angemessenen Frequenz übertragen werden.

Wenn Sie sich für die Arbeit mit Edelsteinen interessieren, wenden Sie sich bezüglich der Auswahl und der Pflege der Steine an einen auf diesem Gebiet erfahrenen Therapeuten. Wählen Sie sie mit liebevoller Hinwendung aus; manche sagen, dass sich die Kristalle den Menschen auswählen! Kristalle sind anorganisch, aber niemals «tot». Sie sollten mit Ehrfurcht behandelt, von Zeit zu Zeit ruhen gelassen und gereinigt werden. Quarz ist eine gute Wahl für den Anfang. Granat, Flussspat (Fluorit), Steinsalz (Halit), Topas, Apatit und Beryll sind andere empfehlenswerte Steine.

Besondere Heilfrequenzen

Die Weisheit des Altertums kennt, in Symbolen verborgen oder offen ausgedrückt, eine Fülle von heiligen Zahlen, Verhältnissen

HEILEN MIT KLANG

und harmonischen Intervallen. Ein Beispiel ist die scheinbar zufällige Zahl 432, hinter der sich aber vielfältige Bezüge offenbaren. In der Hindutradition entspricht ein Tag im Leben Brahmas 4 320 000 000 Erdenjahren. Jeder dieser Tage wird im Verhältnis 4:3:2:2 in Zeitalter unterteilt. Von unserem gegenwärtigen Zeitalter, dem *Kali-Yuga,* heisst es, dass es das längste und traumatischste sei; es währt 432 000 Erdenjahre. In tiefer Meditation macht der Mensch durchschnittlich 432 Atemzüge in der Stunde, und bei durchschnittlich 72 Schlägen in der Minute schlägt das menschliche Herz 4320mal in der Stunde. In der Musik entsprechen diese

Wissenschaftliche Forschungen haben besondere Klangfrequenzen herausgefunden, die in Bezug zu bestimmten Körperteilen stehen. Die therapeutische Anwendung der entsprechenden Frequenzen kann Beschwerden dieser Bereiche lindern.

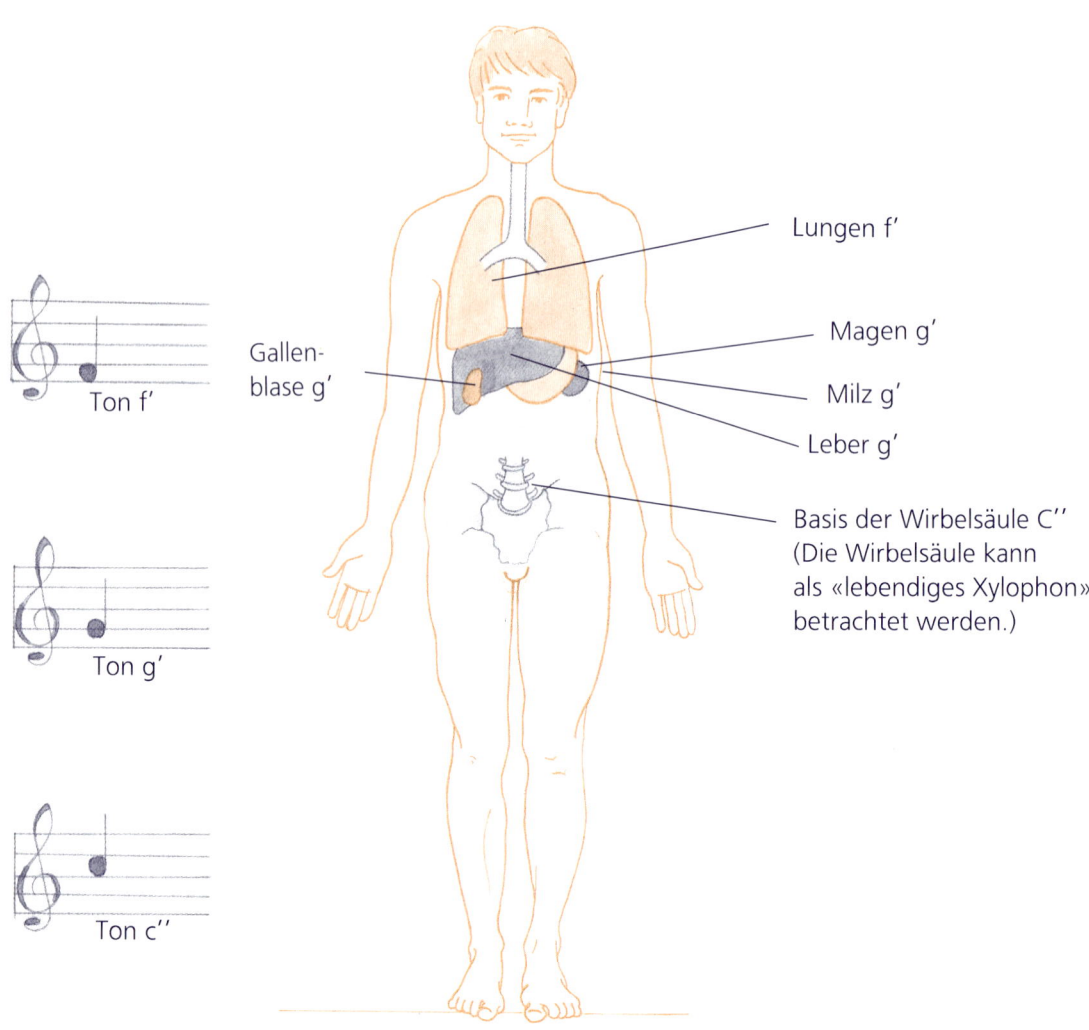

Ton f'

Ton g'

Ton c''

Lungen f'

Gallenblase g'

Magen g'

Milz g'

Leber g'

Basis der Wirbelsäule C''
(Die Wirbelsäule kann als «lebendiges Xylophon» betrachtet werden.)

Zahlen den Verhältnissen der Intervalle von Quarte, Quinte und Oktave (Verdoppelung).

Es gibt viele ähnliche Beispiele, die immer wieder die Schwingung als Grundmuster der Schöpfung bestätigen; auch bildet sie eine wichtige Grundlage vieler Therapieformen: Heilen mit Edelsteinen und Duftessenzen, Bach-Blüten-Heilmittel, homöopathische Medizin, Radionik, die Verwendung von Wünschelruten und viele andere. Bei ihnen allen geht es um die Übereinstimmung resonanter Frequenzen. Das Heilen des 21. Jahrhunderts wird zweifellos auch Licht, Farbe und Klang, die mit den Schwingungsraten der chemischen Elemente, der Zellen, Organe, Organismen und des Bewusstseins übereinstimmen, stärker einbeziehen. Die herausragenden Frequenzen des hörbaren Klanges und die Klangbreite der menschlichen Stimme werden in Form von Heilmusik als heilende und vorbeugende Massnahmen eingesetzt werden. Wie kann man spezifische Frequenzen zur Heilung verwenden? Forscher haben herausgefunde, dass bestimmte Frequenzen mit den Strukturen, Organen und Funktionen des menschlichen Körpers korrespondieren, wie auch auf Seite 116 gezeigt. Die entsprechenden Klangfrequenzen können Sie mit Stimmgabeln oder auf einem Musikinstrument erzeugen, durch Kompositionen erklingen lassen, die in der betreffenden Tonlage geschrieben wurden, oder mit Ihrer eigenen Stimme hervorbringen, indem Sie die Töne summen oder singen.

Berücksichtigen Sie bei der Wahl entsprechender Klänge Ihre eigenen Reaktionen (siehe die Tafeln auf Seite 90 und 91). Schrittweise werden Sie Erfahrung sammeln und der eigenen Intuition zunehmend vertrauen können. Vermeiden Sie einen mechanistischen Zugang, wie zum Beispiel «3× täglich 10 Minuten den Ton f′ summen, um Gallensteine aufzulösen». Die Offenheit und Sensibilität, die von allen Formen ganzheitlicher Therapie verlangt wird, ist an sich schon ein Teil des Heilungsprozesses. Versuchen Sie es auch mit anderen Frequenzen, neben der Zwölftonmusik vielleicht mit orientalischen Tonleitern oder den indischen *Ragas*.

Es muss betont werden, dass dieses Forschungsgebiet noch in den Kinderschuhen steckt und sich im wesentlichen noch im Stadium des Experiments befindet; klare und eindeutige Schlussfolgerungen sind also noch nicht möglich. Doch scheinen sich neue Wege aufzutun. Durch Experimente mit Vokalklängen und Harmonieschritten gelang es zum Beispiel, das Gehirn und die Hirnanhangdrüse, die Zentralstelle der hormonalen Steuerung, zu stimulieren.

HEILEN MIT KLANG

Die Nasenhöhle ist ein für die Formung der Vokale wichtiger Klangkörper, der von klassisch ausgebildeten Sängern seit langem gezielt zur Erzeugung von Resonanz eingesetzt wird.

Das indische Mantra-Yoga lehrt, dass es ein kleines Energiezentrum, ein untergeordnetes Chakra, gibt, das Bija-Chakra oder «Zentrum aller Klänge», das mit dem Zentrum aller Schwingungen korrespondiert. Im Kopf dient der Gaumen als Klangkörper, der die Schwingungsenergien mittels des Bija-Chakra auf die Mund- und Nasennebenhöhlen überträgt, und sie von dort weiter zu den höheren geistigen und emotionalen Zentren im Gehirn leitet.

Die sieben Hauptchakras, von der Wurzel der Wirbelsäule bis zur Spitze des Kopfes, sind mit den verschiedensten Organen und Systemen des Körpers verbunden. Jedes Chakra hat einen ihm zugeordneten Musikton und geistig-emotionalen Bereich.

Chakra und Musikton	Sitz	Körperteile	Bereiche
Scheitel, h *Sahasrara*	Scheitel, Schädeldach	Oberer Schädel, Grosshirn, rechtes Auge; Zirbeldrüse	Seelischer Wille und seelische Wahrnehmung, Überbewusstsein
Brauen, a *Ajna*	Zwischen den Augenbrauen, oberhalb des Nasenansatzes	Ohren, Nase, linkes Auge, Nervensystem, Schädelbasis; Hirnanhangdrüse	Intuition, Wahrnehmung, Hellsichtigkeit
Hals, g *Vishudda*	Ganzer Halsbereich	Hals und Stimme, Lungen und Brust, Mund; Schilddrüse und Nebenschilddrüsen	Ausdruckskraft, Kreativität, Vorstellungskraft
Herz, f *Anahata*	Herzgegend hinter dem Brustbein	Herz und Brust, Kreislauf, Lungen, Arme, Hände; Thymusdrüse	Liebe, Mitgefühl, Dienst an der Menschheit
Sonnengeflecht (Solarplexus), e *Manipura*	Untere Spitze des Brustbeines (Sternum)	Magen, Leber, Zwerchfell, Gallenblase, Milz; Bauchspeicheldrüse	Persönliche Gefühle, Verlangen, persönliche Macht
Fortpflanzung, d *Swadhisthana*	Zwischen Nabel und Leiste	Becken, Bauch, Sexualorgane, Nervensystem, untere Wirbelsäule; Nebennieren, Geschlechtsdrüsen (Eierstöcke oder Hoden)	Vitalität, Bewegung, Sexualität, Erdung
Wurzel, c *Muladhara*	Wurzel oder unteres Ende der Wirbelsäule	Beine, Füsse, Genitalien, Anus, unteres Ende der Wirbelsäule, Nieren; Lebenskraft des Körpers	Urtriebe, körperlicher Überlebensdrang

Die geometrische Form des Pentagramms widerspiegelt das fünfteilige System der chinesischen Medizin und der Pentatonik, der Fünftonmusik, die im alten China gebräuchlich war. Jedem Ton ist eines der Elemente zugeordnet.

Yin und Yang, Symbol des perfekten Gleichgewichts und der ständigen Wechselwirkung von Energien, wie sie in gesundem Zustand vorliegen. Krankheiten entstehen aus dem Ungleichgewicht.

Musik- und Klangtheorien des Altertums

Seit frühesten Zeiten war es in der chinesischen Kultur Aufgabe der Musik, die Harmonie zwischen Himmel und Erde zu spiegeln und aufrechtzuerhalten, wie dies im Gleichgewicht der Kräfte von Yin und Yang ausgedrückt wird (siehe Seite 30). Der Hörgenuss war von zweitrangiger Bedeutung. Bestimmten Arten von Musik wurden negative Wirkungen zugesprochen. So glaubte man, dass sinnliche Kompositionen die Stabilität des herrschenden Systems bedrohten, und laute Musik galt als Ursache von Melancholie.

Der Grundton aller Musik war das *Huang Chung,* «die gelbe Glocke», die als universelles Prinzip mystische Bedeutung hatte, ähnlich dem Om (siehe Seite 84). Das *Huang Chung* manifestierte sich in der irdischen Musik durch Teilung der Oktave in zwölf Abschnitte, *L'ius* genannt, die jedoch eine andere Bedeutung hatten als unsere heutigen Tonleitern (siehe Seite 24). Sie lieferten die Grundtöne für die zwölf Monate und die Zyklen von jeweils zwölf Jahren des alten chinesischen Kalenders.

Siebner-Tonleitern waren in China kaum gebräuchlich, die Grundlage von Komposition und Improvisation war die pentatonische Fünftonmusik (siehe auch Seite 32). Diese Tonleiter wurde auch «Megalithische Tonleiter» genannt, weil sie schon in der traditionellen Musik verschiedener alter Kulturen, die bis in die Bronzezeit zurückreichen, gefunden wurde. Sie ist in vielen Teilen der Welt nachgewiesen, von den Hebriden und Lappland über die Inuit(Eskimo)-Gemeinschaften des hohen Nordens bis zu den südamerikanischen Indianerkulturen und liegt auch manchen europäischen Volksliedern zugrunde. Dies ist wiederum ein Beweis für die Verknüpfung der Musik und aller Schwingungsphänomene mit den Ursprüngen der Menschheit und unseres Planeten – eine wahre «Musik der Schöpfung».

Die fünfstufige, pentatonische Tonleiter lässt sich auf einfachste Weise kennenlernen, indem man nur die schwarzen Tasten des Klaviers spielt. Dies ist ein – selbst für kleinere Kinder geeigneter – idealer Einstieg in die Musik, denn, gleich welche der schwarzen Tasten gespielt wird und wie sie gespielt wird, «Fehler» sind völlig ausgeschlossen. In der pentatonischen Musik gibt es keine missklingenden «falschen» Töne.

Mit der Festlegung des Grundtons für einen bestimmten Zeitabschnitt wurden im alten China alle Instrumente nach diesem Ton gestimmt. Die Fünfteiligkeit des Tonsystems und der dahinterstehenden Musikphilosophie spiegelt sich auch in dem komplexen fünfgliedrigen System der chinesischen Medizin, wie auf Seite 119 gezeigt. Nach diesem System sind die Hände und Finger mit dem Herzbereich verknüpft. Deshalb wird Klavier- oder ein anderes Tasteninstrument spielen als wohltuend für das Herz betrachtet, sowohl körperlich wie auch im übertragenen Sinn.

Schlussbetrachtungen

Nichts steht still im Kosmos. Der absolute Nullpunkt von minus 273,15 °C, in dem jede Schwingung der Atome zum Erliegen kommt, gilt, wissenschaftlich bestätigt, als unerreichbar. Mehr noch, alles bewegt sich in einem Umfeld von Bewegung: Zyklen in grösseren Zyklen, ein Rad im Zusammenspiel mit anderen Rädern.

Das menschliche Bewusstsein umfasst heute eine Spannweite, welche von der Lebensdauer des ganzen Universums bis zur winzigsten Schwingung des Atoms reicht. Der langgesuchte Punkt völligen Gleichgewichts lässt sich in der äusseren Welt nicht finden; er liegt in unserer Seele, in unserem Innersten verborgen. Jenseits des Körpers und des Geistes mit seinem rationalen Bewusstsein ist der wichtigste therapeutische Ansatzpunkt die Selbsterkenntnis, das Selbstbild: «Wer bin ich?» Lebende Organismen existieren innerhalb physikalisch und biologisch genau definierter Strukturen, unser menschliches Bewusstsein jedoch unterliegt keinen derartigen Begrenzungen. Erkenntnis und Heilung können durch die Erweiterung unseres Schwingungsspektrums erreicht werden, nach innen zu unseren Gefühlen und zum Herzen hin und nach aussen zu unserem Planeten und schliesslich zum ganzen Kosmos.

Die Tonsprache ist Anfang und Ende der Wortsprache, wie das Gefühl Anfang und Ende des Verstandes, der Mythos Anfang und Ende der Geschichte, die Lyrik Anfang und Ende der Dichtkunst ist.

Richard Wagner

Heilung bedarf der Offenheit für das Ganze, der Bereitschaft, all das aufzugeben, was hemmt oder in die Irre führt – falsche Vorstellungen, negative Gefühle, schlechte Ernährung oder Lebensweise –, und stattdessen ein weiteres Spektrum neuer Ideen, Erfahrungen und Wertsetzungen anzunehmen. Heilung beruht auf Kommunikation, und Musik in ihrem alles umfassenden Wesen ist totale Kommunikation. In den tiefsten Mysterien der Musik liegen die Inspirationen, die Pfade und die Heilung, die zu Eins-Sein und Einheit führen.

Tief im All bewegen sich Galaxien und Sternensysteme auf einer kosmischen Tonleiter. Dies ist das Ziel, auf welches das menschliche Bewusstsein, befreit von physischen und biologischen Einschränkungen, zustrebt.

Ausgewählte Literatur zum Thema

Alvin, Juliette: Musiktherapie. Ihre Geschichte und ihre moderne Anwendung in der Heilbehandlung, Bärenreiter 1984

Beaulieu, John: Heilen mit Musik und Klang, Hugendubel 1989

Bentov, Itzhak: Auf der Spur des wilden Pendels. Abenteuer im Bewusstsein, Rowohlt 1986

Berendt, Joachim E.: Nada Brahma. Die Welt ist Klang, Insel 1983 und Rowohlt (rororo Sachbuch) 1985

Berendt, Joachim E.: Das Dritte Ohr. Vom Hören der Welt, Rowohlt 1988

Blofeld, John: Mantra – Die Macht des heiligen Lautes. Die «Silben der Kraft» als Mittel der Transformation des Bewusstseins, Scherz 1988

Clynes, Manfred: Sentische Formen. Harmonielehre des Fühlens und Empfindens, Verlag für angewandte Kinesiologie 1992

Easwaran, Eknath: Mantras – Hilfe durch die Kraft des Wortes, H. Bauer 1986

Garfield, Leah M.: Der heilende Klang. Das wunderbare Netz von Stimme, Ton und Gesang, Goldmann 1988

Godwin, Joscelyn: Musik und Spiritualität. Musik als Zugang zu meditativer, magischer und mystischer Erfahrung, Scherz 1992

Govinda, Lama A.: Buddhistische Reflexionen. Über die Bedeutung des Buddhismus für den Westen, Fischer 1990

Govinda, Anagarika: Grundlagen tibetischer Mystik. Die geheime Lehre des grossen Mantra, Scherz 1982

Halifax, Joan: Die andere Wirklichkeit der Schamanen. Erfahrungsberichte von Magiern, Medizinmännern und Visionären, Scherz 1984

Hamel, Peter Michael: Durch Musik zum Selbst. Wie man Musik neu erleben und erfahren kann, Bärenreiter 1980

Hodson, Geoffrey: In den Sphären des Lichtes, Aquamarin 1985

Jenny, Hans: Kymatik – Wellen und Schwingungen mit ihrer Struktur und Dynamik, 2 Bde, Basel 1974

Khan, Inayat: Musik. Esoterische Lehren von Klang und Rhythmus, Schickler 1987

Leonard, George: Der Pulsschlag des Universums. Schwingung und Rhythmus – was die Welt im Innersten zusammenhält, Scherz 1992

Orff, Gertrud: Die Orff-Musik-Therapie. Aktive Förderung der Entwicklung des Kindes, Fischer 1992

Priestley, Mary: Musiktherapeutische Erfahrungen. Grundlagen und Praxis, Bärenreiter 1982

Rudhyar, Dane: Die Magie der Töne. Musik als Spiegel des Bewusstseins, dtv 1988

Scott, Cyril: Musik – ihr geheimer Einfluss durch die Jahrhunderte, Hirthammer 1985

Steiner, Rudolf: Das Wesen des Musikalischen und das Tonerlebnis im Menschen, Bd. 283 der Gesamtausgabe, Rudolf Steiner Verlag 1989 (Taschenbuch 1991)

Tame, David: Die geheime Macht der Musik, Musikhaus Pan 1991

Werbeck-Svärdström, Valborg: Die Schule der Stimmenthüllung. Ein Weg zur Katharsis in der Kunst des Singens, Philosophisch–Anthroposophischer Verlag 1984

Ausgewählte Musikwerke zum Thema

Nachfolgend sind einige Musikwerke aufgeführt, die sich als Einstieg in das Gebiet des Heilens mit Klängen eignen. Da das Musik- und Klangerlebnis aber individuell völlig verschieden ist, folgen Sie am besten Ihrer Intuition und bauen Sie sich davon ausgehend Ihre ganz persönliche Musiksammlung auf.

Albinoni, Adagio in G-moll und Pachelbel, Canon in D, DGG 413 309-2

Bach, 6 Suiten für Cello solo, EMI 761027-2 oder EMI 769431-2

Bach, Sonaten und Partiten, Sony 46721

Barber, Adagio für Streicher, VIRGIN VC7 91083-2

Bruch, Kol Nidrei, DGG 427323-2 oder RCA RD 60112

Bruch, Violinkonzert Nr. 1 in G-moll, EMI 747074-2

Concerto, Glanzlichter festlicher Barockmusik, Philips 422279-2

Die grossen Toccaten, Erato 229245160-2

Earth's Answer, Celestial Harmonies 13016-2

Elgar, Cello Concerto, Introduction and Allegro for Strings, EMI 474329-2

Fauré, Requiem, EMI 747317-2

Hildegard von Bingen und ihre Zeit, Christophorus 74584 oder: Geistliche Gesänge, deutsche harmonia mundi, GD 77020

Holst, Hymn of Jesus, Decca 421381-2

Meditation and Mantras, Chris Hinze, Keytone 743 CD

Mozart, Requiem in D-moll, EMI Classics for Pleasure 762629-2

Palestrina-Allegri, Geistliche Werke, Archiv 415517-2

Ravel, Streichquartett, Introduktion und Allegro, Claves 50-280

Sacred Ceremonies, Ritual Music of Tibetan Buddhism, Fortuna 17074-2

Schubert, Quintett C-Dur, D 956, EMI 747018-2

Tibetan Bells II und III, Henry Wolff & Nancy Hennings, Celestial Harmonies 13005-2 und 13027-2

Vangelis, The best of Vangelis, RCA C70011

Vaughan Williams, Fantasie über ein Thema von Tallis, DGG 419191-2

Vaughan Williams, The Lark Ascending, DGG 415891-2

Vetter, Michel, Overtones in Old European Cathedrals, Wergo SM 1080-50

Vogelstimmen, Stereokonzert, Intercord 845.114

Register

Kursive Ziffern bezeichnen Illustrationen und Abbildungen.

Ab-rüsten 47, 73–74
Aggression 78
Akupunktur 29, 114
Alhambra *33*
Amplitude 21, 27
    siehe auch Lautstärke
Anahata 84, 85, 87
Angst 57–58, 74, 77, 78, 105, 113
Anspannung 44, 45, 47, 51, 59, 64, 67, 73–74
    Entspannung 37, 42, 43, 44, 45, 64, 67, 68, 74, 108
Architektur 33, 34
Ärger 55, 75, 76
Arpeggio 71
Artikulation 39, 69
Asthma 77, 90
Astrophysik 29–30
Atem/Atmung 37, 38–39, 44–45, 46–47, 49, 69, *69,* 79, 84, 93, 97, 108, 113, 116
    Atemübungen 46, 48
Atmungsorgane 38
    Infektionen 78, 90–91, 102, 105
Atome 14, 30, 31
Augen/Augenbereich 30, 77, 78, 91, 118
Aura 111
Auriculotherapie *28,* 29
Ausscheidung 75, 76, 90, 105
Äusseres Ohr 26, 27, *28*
Bambusflöte 81
Bauchbereich 75, 76–77, 90, 118
Bauchspeicheldrüse 118
Baumsymbol *53,* 84
Becken/Beckenbereich 45, 72, 74–75, 90, 118
Besinnung
    Hören 34
    Klang und Universum 29
Bewusstsein/Bewusstes 8, 67, 70, 82, 84, 88, 98, 107, 120
Bija-Chakra 118
Biosphäre 45

Blasinstrumente 98, 112, 113
Blechinstrumente 98
Blockierung 47, 73–74, 109
Bronchitis 77, 91
Brustraum 38, *43,* 111
    siehe auch Herz- und Brustbereich
Buddha 43
Campian, Thomas 12
Chakras 85, 97, 115, 118
    Herz-Chakra 84, 85, 118
Chanten 10, 63–64, *86,* 87, 88–89, 90, 98
Chi 114
Chinesische Musiktheorie 119–120
Chladni, Ernst 30, 31
Chladnibild 30–31, *41,* 87
Chromatische Tonleiter 32
Dezibel (dB) 20–21, *21*
Diagnose 37, 102–105
Diatonik 32
Drüsen 90–91, 118
Dualität 29–30, 57
Edelsteine 75, *113,* 114–115
Eingestrichenes c' 18, 20, 24, 68, 71, 85, 111
    Frequenz 26
Einheit 82, 88, 107, 121
Einsamkeit 57, 62, 76, 114
Elektromagnetische Kräfte 23, 114
Elemente 119
Endorphine 62
Energie 11, 37, 85, 90, 94, 96, 97, 114, 115, 118
    kinetische/Bewegungs- 16, 27
    Klang- 11, 16–17, 29, 30
    Licht- 23, 30
    Schwingungs- 16–17, 23, 29, 30, 114
    Wärme- 17
Entspannung 27, 37, 42, 43, 45, 64, 67, 68, 74, 108
Erdbeben 94–96
Erde 93, 94, 95, 111, 114
Erkältung 78, 91, 105
Erschöpfung/Müdigkeit 29, 43, 51, 78–79, 90, 105
Essprobleme 76, 78

Ethno-Musik 75
Eurhythmie *107*
Farbe 30, 117
Fibonacci-Reihe 32, 34
Flöte 81, 97
Frequenz (Tonhöhe) 17–18, *17,* 23–26, 29, 40
    Bereiche 18, 29
    Edelsteine 114
    Heilen 109, 115–118
    Kymatik 30–31
Fünfeck *119*
Fünftonmusik 32, 119, 120
Gallenblase 76, 90, 105, *116,* 118
Geburt/Ungeborenes 14, 27, 78
Gefühle 47, 64, 70, 72, 73, 76, 78, 84, 98, 105, 110, 112, 118, 120
    siehe auch Negative Zustände/Gefühle
Gehirn 27, 62, 117, 118, 119
Gehör 26, 27, 28, 91
    Tiere 29
    Kinder 29
Geometrie 31, *32,* 34
Geruchssinn 90
Geschlechtsdrüsen 118
Geschmackssinn 90
Gesicht 67
Gesichtssinn 30, 90
Gleichgewicht
    siehe Harmonie
Gleichgewichtsübung 44
Glocke/Gong *19,* 97
Goldener Schnitt 31–32, *33,* 34
Grundton 24, *24,* 25–26, 31, *35,* 94, 120
Hall 47, 50
Hals/Rachenbereich *38, 40,* 76, 78, 91, 118
    Entzündung 78, 91, 102, 105
Händel, Georg Friedrich 12, 76
Harfe 98
Harmonie 10–11, 34, 67, 88, 102, 114, 119
Harmonieschritte 23–26, *24,* 32, 48, 94, 96

Heilen/Heilung 8, 10, 11–13, 62–65, 80, 90–91, 102, 118, 120–121
  Heilgesang 64
  Heilender Klang 34, 90–91, 110–114, 116, 117, 118
Heilige Klänge 12, 13, 84, 87
Heilige Zahlen 115–116
Hertz 18
Herz- und Brustbereich *38,* 76, 77, 118
Hirnanhangdrüse (Hypophyse) 91, 117, 118
Hören 26–27, 29, 56, 60, 64, 78, 80, 82, 102–104
  Besinnliches Hören 34
Indien 8, 54
  Indischer Gesang 94
Infraschall 29
Musikinstrumente 79–81, 110–114
  Meditation 96–97
  Symbolik 96–98
Instinkt 75, 76, 102
Intellekt 64, 78, 90
Intervall (musikalisch) 26, 31–32, 117
Intuition 64, 91, 96, 102, 118
Jenny, Hans 30, 31
Kehlkopf 39–40, *40,* 41
Kiefer/Kieferbereich 26, 77, 78, 94
Kinetische Energie 16, 27
Klang 14–31, 69, *69,* 82–84, 102–120
  Energie 11, 16, 17, 29, 30
  Resonanz 13, 21–23, 34, 43, 47, 48, 67, 81, 93, 109, 118
  Wasser 13, 20, 82
  Universum 8, 29–30, 93–96
Klavier *24,* 120
Kommunikation 60, 77, 121
Konflikt 102, 112, 114
Konsonanten 48–51, 69
  Übungen 50, 51
Kopfschmerzen 78, 90, 91
Körper und
  Goldener Schnitt 34, *35*
  Musiktöne 90–91

Resonanz *116,* 117–118
Schallwellen 109–110
Körperhaltung 73, 102
Körperpanzer 47, 73–74
Körpersprache 60, 102, 104
Kosmos 8, 10, 29–30, 34, 82, 85, 88, 92, 93–96, 120–121
Krankheiten/Beschwerden 90–91, 102–104, 105, 105–109, *119*
Kreislaufbeschwerden 105
Kreuzgegend (Rücken) 72, 90
Kristalle
  siehe Edelsteine
Kunst (Altertum, Klassik, Renaissance) 8–12, 31–34, *33*
Kymatik 30–31
Lächeln 44, 62
Lachen 47, 60, 62
Laute *22*
Lautstärke 20–21, 29, 34, 40
Lebenslied 65
Leber 76, 90, 105, *116,* 118
Leistungsdruck 78
Licht 23, 30, 31, 84, 93, 117
Liebe 77
Luftröhre *38,* 38–40, *40*
Lungen *38,* 38–39, 40, 77, 91, 105, *116,* 118
Magen 76, *116,* 118
Magersucht 76
Mantra-Yoga 118
Mantra 11, 82, *84,* 87–88, 90, 92–93
Massage *28,* 67
Mathematik 20, 25, 31, 34
Meditation 37, 45, 63, 80, 82–101, 91, 115, 116
  Mantras 82–88, 92–93
  Musikinstrumente 96–99
  Tanz 99–101
  Übungen 37, 46–47, 63, 64, 80
Megalithische Tonleiter 119
Medizin, moderne 17
Metalle 98
Migräne 78, 105
Milz 90, *116,* 118
Mimik 60
Mineralien 116

Moleküle 14, 20, 23, 30, 114
Mozart, Wolfgang Amadeus 31, 78
Mund 38, 39, 48, 78, 93, 94
Musik 79–80, 82
  Architektur 33–34
  Edelsteine 115
  Formen 56–58
  Gedichte 58–59
  Mantras 82–88
  Natur 52–56
  Spirituelle Suche 62–65, 93
  Therapeutische Anwendung 74–79, 90–91, 116
Muster
  Natur 14, 27, 31, 93, 117
  Klang 25, 27, 30–31
Name, Übung 68
Nase 38, 39, 94, 118
Natur 52–56, 79, 82
Nebenhöhlen 39, 48, 97, 118
Nebennieren 91, 118
Negative Zustände/Gefühle 44, 55, 57–58, 73, 75, 76, 77, 78, 97, 121
Obertöne *24,* 48, 89, 94
Obertonsingen 88–89
  Übungen 93, 94
Ohr 26–27, *28,* 30, 91, 118
Ohrschnecke
  siehe Schnecke
Ohrtherapie *28,* 29
Oktave 26, 31, *35,* 68
Om 82, 84, *84,* 119, 120
Orgel 97
Oszillation
  siehe Schwingung
Panflöte 97, *99*
Pantomime 60
Panzerung 47, 73–74
Pentatonik 32, 119, 120
Perkussionsinstrumente
  siehe Schlaginstrumente
Pflanzen 8, 34, 54
Piezoelektrischer Effekt 114
Platonische Körper 31, *32*
Poesie 58–59
Polarität 29–30, *119*
Proportion und Musik 31–32, *32*

Psychosomatische Erkrankungen 78
Pythagoras 8, 31
Quarz 115
Rapid Eye Movement (REM) 27
Ravel, Maurice 77
Renaissance 12, 34
Resonanz 13, 21–23, 34, 43, 47, 48, 67, 81, 93, 109, 118
Rhythmus 68, 96, 101, 102, 110, 112
Rückgrat
   siehe Wirbelsäule
Saiteninstrumente 81, 113–114
Schamane 12, 62–65
Schallwellen 16, *16, 17*, 20–21, 23, 26–27, 29, 30, 109, 114
   Schallgeschwindigkeit 20
Schilddrüse 118
Schlaginstrumente 96–97, 110, *110*, 112
Schmerz 91, 108
Schmerzmittel 62
Schnecke (Cochlea) 27, *28*
Schock 57, 78, 105
Schwingung 14, *16, 17,* 16–23, 25, 27, 29, 30, 39, 40, 43, 67, 84, 111, 117
Selbsterfahrung/-entdeckung 67, 70, 72, 74, 79
Sexualität 75, 78, 105, 118
Singen
   Gemeinsames 47, 63
   Heilen 75, 77, 78, 107, 108
   Übungen 58, 59, 64, 67, 68, 71, 106, 108
Sinne 90–91
   siehe auch unter Einzeleinträgen
Spannung
   siehe Anspannung
Spiritualität 13, 82, 85, 88, 93
Sprachschwierigkeiten 78
Stille 60, 82, 88
Stimmbänder 39–40, *40,* 41, 43
Stimme 37, 39, 41–42, 43, 45–47, 59, 69, 73, 102–105, 118
   Diagnose 37, 102–105
   Erforschung 41–43
   Merkmale 102, 104–105
   Stimmabdruck *54, 104*
   Übungen 45–51
Stimmgabel 14, *16,* 17, 20, 109–111
   Übungen 18, 111
Stimmritze 39, 40

Stress 44, 55, 64, 78
Summen 50, *50,* 64, 67
Taillen-/Zwerchfellbereich 75–76
Tanzen 47, 98–101, *100*
Taschenbänder 40
Tastsinn 91
Thymusdrüse 118
Tiere 29, 34, 54
Ton 17, 18, *24,* 25–26, 39, 43, 68, 69, 73, 90–91, 109, *116,* 118
   Herzton 84, 85
   Therapeutische Anwendung 90–91, 109–110, 116
Tonhöhe *17,* 18, 34, 40, 43, *51, 69,* 72, 73, 81, 102
Tonleiter 26, 31, 32, 48, 59, 68–71, *70–71*
Trommelfell 26–27, *28*
Übungen
   Aktives Zuhören 64
   Aufbrechen des «Körperpanzers» 74
   Befreiung der Stimme 45
   Dynamische 44
   Entspannung 42
   Erkundung des Gesichts 67
   Gegenwart und Zukunft singen 106
   Gesungene Verse 59
   Herzklang 85
   Hören 80
   Hören der Natur 56
   Innere Stimme 72
   Instrumental 112
   Klangketten 69
   Konsonanten 51
   Körper-Atem 49
   Musik der Natur 55
   Musik und Edelsteine 115
   Musik-Bewegung in Gruppen 63
   Musikalische Form 58
   Name 68
   Natur des Klanges 14
   Oberton 94
   Oberton, Vorbereitung 93
   Resonanz 23
   Schmerz lösen durch Singen 108
   Stille 60
   Stimmgabel 18, 111
   Summen 50
   Tanzen zu Musik 101
   Tonbefreiung 79

Tonleiter-Singen 71
   Vollständiger Atem 46
Ultraschall *10,* 29
Ungeborenes/Geburt *10,* 14, 27
Universum 8, 29, 31, 82, 93–94
   Gesetzmässigkeiten 27, 29–30, 34, 94
Unbewusstes 27, 44, 60, 67, 70, 76, 112
Unterdrückung 75, 76
Unterschall 29
Unverarbeitete Erinnerungen 76, 105–107
Urknall 82
Vaughan Williams, Ralph 77, 79
Veden 8, 88
Verarbeitung von Vergangenheit, Gegenwart und Zukunft 105–109
Visualisierung 64, *70–71,* 108, 115
Vogelgesang 52, *54,* 55, 56
Vokale 48, *51,* 107
   Klang 69, 93, 94
Wahrnehmung/Bewusstsein 41–42, 43, 44, 63, 79, 82, 107, 118
Wasser 13, 20, 77, 82, *83*
Wellenlänge *17,* 20, 25
Weltraum
   siehe Kosmos
Wirbelsäule 85, 91, 111, *116,* 118
Wissenschaft klassische 12, 16
   moderne 17, 27, 82, *116*
Yin und Yang 30, 119, *119*
Zellen 8, 13, 109
Zirbeldrüse (Epiphyse) 118
Zunge 49, 50, *50,* 51, *51,* 78, 94
Zwerchfell *38,* 39, 45, 75–76
Zwölftonmusik 32, 117
Zyklen (Frequenz) *17,* 17–18

Olivea Dewhurst-Maddock wurde seit ihrem dritten Lebensjahr in Musik, Klang und Stimme unterrichtet. Sie absolvierte die «London Royal Academy of Music» und erwarb das Gesangslehrerdiplom des «Royal College of Music». Nach fünfjähriger Tätigkeit an der «Sadler's Wells Opera» unterrichtete sie an einer Reihe von Musikhochschulen in Europa. Ihr Interesse für die tiefere Bedeutung der Musik führte sie schliesslich zu verschiedenen Institutionen der «New Age»-Bewegung, wo sie an Seminaren teilnahm und selbst lehrte. Heute ist sie als Musiktherapeutin tätig und unterrichtet auch Atemtherapie, Entspannungstechniken und Meditation.